南アフリカへの授業研究の移転に関する研究

小野 由美子［著］
Yumiko Ono

学術研究出版

目次

第3章　授業研究における省察の問題

第4章　教科指導主事の授業省察力育成

第5章　研究のまとめと今後の課題

図目次

表目次

略語表

略語	正式名称	日本語
ANC	African National Congress	アフリカ民族会議
C2005	Curriculum 2005	カリキュラム 2005
CI	Curriculum Implementer	教科指導主事
CIE	Civil Information and Education Section	民間情報教育局
CL	Cluster Leader	クラスター・リーダー
CPD	Continuous Professional Development	継続的職能開発
CPTD	Continuous Professional Teacher Development	継続的職能開発研修
DA	Developmental Appraisal	能力開発評価
DBE	Department of Basic Education	基礎教育省
DHET	Department of Higher Education and Training	高等教育訓練省
DOE	Department of Education	教育省
EFA	Education for All	万人のための教育
FET	Further Education and Training	後期中等教育（G10-G12）
FS	Free State	フリーステート州
GET	General Education and Training	基礎教育（GR-G9）
GR	Reception Year	就学準備学年（就学前教育）
HOD	Head of Department	教科主任
IQMS	Integrated Quality Management System	統合的質管理システム
JICA	Japan International Cooperation Agency	国際協力機構
KZN	KwaZulu Natal	クワズルナタール州
MDE	Mpumalanga Department of Education	ムプマランガ教育省
MSSI	Mpumalanga Secondary Science Initiative	ムプマランガ中等理数科教員再訓練計画
NECT	National Education Collaboration Trust	全国教育連携トラスト
NQ	National Quintiles System	学校5分位システム
NQF	National Qualification Framework	国家資格枠組み
OBE	Outcomes-based Education	成果に基づく教育
OECD	Organisation for Economic Co-operation and Development	経済協力開発機構
PISA	Programme for International Student Assessment	学習到達度調査
PM	Performance Measurement	実績評価
SACE	South African Council for Educators	南アフリカ教育者評議会
SGB	School Governing Body	学校理事会
SMT	School Management Team	学校経営チーム
TIMSS	Trends in International Mathematics and Science Study	国際数学・理科教育動向調査
TMU	Teaching Mathematics for Understanding	わかる数学授業プロジェクト
WALS	World Association of Lesson Studies	世界授業研究学会
WSE	Whole School Evaluation	総合的学校評価

序章　研究の背景と研究目的

第1節　越境する授業研究

1　Lesson Studyの認知

授業研究は、教師が協働して実際の授業を計画・実施・観察・分析することによって授業を改善し、授業実践力量を高めることを目的とする（JICA, 2003b, p.163）。長い歴史を持つ授業研究であるが、授業研究をLesson Studyとして世界的に知らしめ、日本が世界に誇るべき教育実践としてブランドを確立するのに貢献したのは、Stigler & Hiebertの著作である（Fujii, 2018）。*The teaching Gap*（Stigler & Hiebert, 1999）はTIMSS 1999の一部としてドイツ・日本・アメリカの第8学年数学の授業ビデオの比較研究の成果をまとめたもので、著者らのメッセージは明確であった。アメリカの子どもの数学の成績が悪いのは、教師ではなく学習指導が問題である。学習指導は文化であり、自覚化されることが少ない。学習指導の文化を変えることは　一朝一夕にはできない。学習指導に関する知識を生成し、共有するためのシステムや学習指導について学ぶ機会を与えるシステムが欠如している。日本の授業研究に学んで、少しずつ学習指導を改善していくべきである。

Stigler & Hiebertは授業研究の特性として5点指摘し、もし真剣に授業を改善することを願うのであれば、アメリカでも検討に値すると述べた。

1. 授業研究は長期的・持続的改善モデルに基づく
2. 授業研究は生徒の学習に焦点化しつづける
3. 授業研究は学習指導が起こるその場面を重視し、その場面に即して改善することに焦点化する
4. 授業研究は協働的である
5. 授業研究に参加する教師は、そうすることで自分たちが自らの職能開発にだけでなく、学習指導に関する知識の開発にも貢献していると思っている　(Stigler & Hiebert, 1999, pp.120-127)

この著作が刊行されて以降、日本での授業研究の実践に詳しいアメリカ在住

の研究者が「英語」で、著作やワークショップを通じて主として算数・数学の授業研究を全米に広めていく（Fernandez, 2002; Fernandez & Yoshida, 2004; Murata & Takahashi, 2002; Takahashi &Yoshida, 2004）。Stigler & Hiebertは、日本式の問題解決型算数・数学学習と、それを支える授業研究に言及していたが、当時、効果的な現職教育のモデルを模索していたアメリカでは（小野, 2009）、読者の関心はどちらかというと学校に基礎を置く効果的な現職教育モデルとしての授業研究に向いていた（Fujii, 2018; Lewis & Lee, 2017）。Stigler & Hiebertの著作が数学を扱っていたこと、アメリカ国内でも算数・数学の学力向上への関心が高かったこともあり、アメリカでは算数・数学の授業研究が広まっていく。

授業研究が越境して世界に伝播するもう一つの契機は世界授業研究学会（World Association of Lesson Studies: WALS）の設立である。WALSは「教授・学習の質を向上させるために、授業研究に係る研究と実践を推進する」ことを目的に、2006年に設立された。2007年に第1回研究大会を香港で開催して以降、毎年、各国持ち回りで行なわれる研究大会には、世界中から60カ国以上の授業研究の研究者、実践者が参加している。学会機関誌（International Journal of Lesson and Learning Studies）に掲載された論文からは、地理的な広がりだけでなく、算数・数学が中心であった授業研究が、たとえば、理科（Conceição, Baptista & da Ponte, 2019; Tan, 2015）、言語教育（Tan-Chia, Fang, & Ang, 2013; Karabuğa & Ilin, 2019）、インクルーシブ教育（Holmqvist, 2020）など、多様な教科内容領域において実践されはじめていることが分かる。

2　授業研究の伝播

荻巣（2019）は、授業研究のグローバルな伝播を調べるため、2015年までに日本国内で出版された授業研究に関する日本語による文献125件のうち、諸外国での授業研究を扱った106件について、どこの国の授業研究について言及しているかを調べた。その結果、地域別にみると、まずアメリカに越境した授業研究（2000年～）は、2015年までにアジア、アフリカ、中東、中南米へと地理的な広がりをもって実施されていることが確認でき、授業研究がグローバルに伝播していることが明らかになった。さらに細かく見ると、25件は国際協力機構

（Japan International Cooperation Agency: JICA）による途上国での授業研究にかかわるものであった。このことは、国際教育協力において、国際協力機構（以下 JICA）の技術協力プロジェクトを通じて授業研究が途上国に伝えられていることを傍証するものである。

一口に授業研究の越境、グローバルな伝播といっても、アメリカやイギリス、シンガポールといった先進国への授業研究の伝播と、国際教育協力による途上国への授業研究の伝播すなわち移転は、移転の枠組みにおいて本質的な違いがある。すなわち、移転の主体（アクター）は誰か、ということである。また、技術協力プロジェクトとして授業研究を移転しようとする場合、授業研究の移転者は、プロジェクトが終了した後、現地に根付くかどうかに、より関心がある。

しかし、ある文化の、ある教育制度のなかで培ってきた習慣を、異なった文化・制度を持つ国に持ち込むことは考える以上に難しい（Chokshi & Fernandez, 2004; Stigler & Hiebert, 2016）。たとえば、アメリカ在住の日本人研究者は次のように警鐘を鳴らしている。

> 教えるということは国や地域によって非常に異なる営みであり、授業研究という従来とは異なる現職教育アプローチを効果的に採用し、活用するためには、なんらかの修正は予想されるし、絶対必要である。とはいえ、あまりに多くの修正は授業研究の本質を変えてしまうかもしれない。結果として、教師は新しい名前の非効果的な現職教育プログラムに参加しているだけということもあり得る。　(Murata, 2011, p.10)

3　日本の授業研究の特質と伝播による変異

授業研究がグローバルに移転される過程では、なんらかの修正・変容が不可避なことが推測できる。「日本」の授業研究の構成要素のうち、何が修正・変容されているかを探究したのが Seleznyov（2018）である。Seleznyov が指摘したのは、「授業研究の国際的な共通理解がない」ということであった（p.223）。そこで、Seleznyov は、日本の教育事情に詳しい著者らによる、英語で書かれた「日本」の授業研究の文献レビューから、授業研究を構成する重要な要素として以下の 7 点を抽出した（表 0-1）。

表 0-1　日本の授業研究構成要素

1. 焦点の明確化	目標とする生徒の学びと現時点での学びのギャップを明らかにして、2-3 年かけて達成すべき目標を設定する。
2. 研究授業計画	チームで協働して教材研究をし、予想される生徒の反応や誤解を踏まえて詳細な研究授業案を作成する。
3. 研究授業	チームの 1 人が研究授業を実施し、他のメンバーは黙って授業を参観し、生徒の学びのエビデンスを収集する。
4. 授業検討会	収集したエビデンスに基づき、手順に沿って発言する。授業研究の目標に照らしてそれぞれの学びを明らかにし、記録する。その学びが次の授業研究サイクルの原動力になる。
5. 授業研究サイクルの繰り返し	授業検討会の成果に基づいて、新たに授業を計画し実践する。
6. 外部助言者	授業計画の過程、研究授業において外部助言者、「講師」からのインプットがある。
7. 知識を結集する	公開授業研究大会参加、外部講師による経験共有、成果物刊行等を通じて他のグループの知識にアクセスし、活用する機会を創出する。

(Seleznyov, 2018 をもとに筆者作成)

次に、この構成要素をもとに、2005-2015 年に英語で発表された日本以外の国での授業研究に関する文献レビューを行った。その結果、世界的に共通する授業研究の定義が存在しないこと、構成要素の何かが欠けている事例が多いことを指摘した。そのことは、国や地域によって、授業研究というものの理解、実際に授業研究として実施されているプロセスにかなりの違いが存在することを示唆している (Seleznyov, 2018, p.223)。特に、計画の一環としての教材研究、外部助言者の活用、知識を結集するという要素が欠けている事例が多い (Seleznyov, 2018, p.222)。それは授業研究を単なる協働的な継続的現職教育以上のものとして特徴付ける要素－まさに授業についての研究としての要素－である。

授業研究の越境は、越境先が先進国であれ、途上国であれ、越境が広がれば広がるほど、無意図的、意図的に「日本」の授業研究の変異を生み、多様化させる可能性を含む (荻巣, 2019; Seleznyov, 2018)。そうした行為が意図的になされる場合、adaptation（適合）、contextualization（状況に適合させる）や indiginization（現地化）として語られる (Phillips & Ochs, 2004; Verger, 2014)。

第２節　教育政策移転の意義と事例

他国の経験と自国とを比較することから学び、教訓として自国に取り入れられるものを見出し、「借用する」「模倣する」「見習う」「輸入する」「占有する」ことは教育を比較する目的の一つといってよい。

1　移転の意義

こうした行為あるいは現象は教育借用（educational borrowing）あるいは教育政策移転（educational policy transfer）と呼ばれ、比較教育学研究においては長い歴史を持つ（沖原・小澤, 1991; 北村, 2005; Philipps, 2009; Steiner-Khamsi, 2004, 2016）。1990年代に入って欧米の比較教育学研究では教育借用、教育政策の移転研究が盛んになる。グローバリゼーションや地域政治経済体制の推進（秋吉, 2007）を背景に、異なる国家が似かよった政策を採用する事例が顕著になったからである。と同時に、政策目標という点では先進国も途上国も大差がない（Chisholm & Leyendecker, 2008）という現象も指摘された。これは国際社会で合意した目標達成のために、ユネスコや世界銀行に代表される国際機関が、特定の方針や政策を支援国に広めようとしてきたことと関係している（高山, 2018; Garomssa, 2016; Zapp, 2017）。

2　移転の事例

我が国を例にとると、1871年（明治４年）の岩倉使節団による海外視察が明治政府の教育政策の形成に大きな影響を及ぼしたことはよく知られている（Shibata, 2004）。その後、わが国の教育政策や実践に示唆を与える先進国の事例研究は現在まで一貫して継続している。最近の例では経済協力開発機構（Organization for Economic Co-operation and Development: OECD）によるPISA（Programme for International Student Assessment）型学力、リテラシー、コンピテンシーに対応した教育政策や学習指導要領の改訂が挙げられる（水原, 2017; 佐藤仁, 2015）。こうした教育借用という移転行為の主体（アクター）は日本や日本の研究者・実践家である。

教育借用による政策移転のもう１つの事例として、日本の戦後占領下での教育改革（たとえば学校制度、男女共学、民主的カリキュラムなど）が挙げられる。移転の実質的なアクターは連合国軍最高司令官総司令部に置かれていた民間情報教育局（Civil Information and Education Section：CIE）である（文部省, 1981）。

前述の教育政策移転の事例は、他国の経験・制度を借用した移転の事例であるが、借用の事例から、移転の主体性の度合い（積極的に他国に範を求めて取捨選択するのか、与えられるのか）が移転において重要であることを教えてくれる。また、移転する政策の適応・適合（自国の現状に合うようオリジナルのモデルを変容すること）が意図的になされた（る）ことも容易に推測できよう。

3　日本による教育政策移転

我が国の政府開発援助（ODA）による国際協力の歴史は、南・東南アジアの経済・社会開発を目指したコロンボ・プランへの加盟（1954年）にさかのぼる。当初はアジア諸国への戦後賠償と経済協力としての資金協力が主であった（外務省, 2014）。今日、ODAを一元的に実施する機関が国際協力機構（JICA）であり、国際協力の手法としては大きく有償資金協力（円借款）[1]、無償資金協力[2]、技術協力がある。なかでも技術協力は日本型教育実践の移転という点ではODA開始当初から極めて重要な役割を果たしてきた。

ODAによる有償・無償の資金援助に対して、技術協力は人を介して行われる人材育成事業である（萱嶋, 2019）。現在では、「専門家派遣」、「研修員受入」に必要な機材の供与等を組み合わせて実施する技術協力プロジェクト（technical cooperation project）が主流となっている。技術協力プロジェクトとは、開発途上国の事業実施能力の確立をめざして、調査計画の段階から、実施、評価に至るまで技術移転を行いながら、一定期間事業運営に関する協力を行い、協力終了後は開発途上国の運営に引き継がれていくものである。技術協力プロジェクトが扱う課題は、途上国の開発ニーズの多様化と地球規模の課題への対応が相まって多岐にわたる。案件の発掘・形成から事後評価にいたる技術協力プロジェクト事業の全段階においてJICAが中核的役割を果たす。

萱島（2018）によると、1950年代に技術協力が始まって以来、我が国の教育分野での技術協力プロジェクトは技術教育・職業訓練、高等教育支援が主体であった。それが基礎教育重視へと大きく舵を切るきっかけとなったのが1990

年に開かれた「万人のための教育世界会議」（World Conference on Education for All：EFA）である。この会議では「基礎教育の普及が幅広い経済社会開発の礎となるのみならず、すべての人々に保証されるべき基本的人権であるとして、基礎教育の普及が強く訴えられた」（萱島, 2018, p.4）。その結果、1990年代半ば以降、基礎教育案件が急増したが、そのほとんどが理数科教育分野であった（JICA, 2002; 2007）。

JICAによる基礎教育分野での技術協力プロジェクトは「フィリピン国初中等理数科教育向上パッケージ協力」（1994-1999）が初めてであった。その後理数科教育分野を中心として技術協力プロジェクトは拡大する。石原（2018）は1994年から2016年までに教員政策分野で実施した105件に上る技術協力プロジェクトを分析している。それによると、地域別ではアフリカが最も多く17か国41件（39%）を占め、12か国38件（36%）のアジア・大洋州がそれに続く。支援形態としては現職教員研修68件（65%）、教員養成・現職教員研修25件（24%）でほぼ90%に達している。支援教科は理数科59件（56%）、算数・数学16件（15%）、理数科及び他教科9件（8%）となっており、全体として理数科の教師教育（教員養成・現職教員研修）にかかわる技術協力プロジェクトが大勢を占める。

1994年以前は、基礎教育での協力経験がほとんど皆無に近かったJICAは、2007年にそれまでに実施した理数科教育プロジェクトを振り返って総括し、「JICAの理数科教育協力が目指すのは『生徒中心』の授業[3]であり、そのためには授業改善が最優先課題」であることを明確にした（JICA, 2007）。さらに授業改善のアプローチとして、指導計画と並んで「教員相互の学び合いを持続的に提供するための有効な仕組み」（馬場・中井, 2009）として授業研究を一層重視する姿勢を鮮明にした。

> JICAの理数科教育協力においては、途上国の抱える理数科教育の課題に最も効果的で、かつ持続性のあるものとして、日本国内の経験を基に指導計画の導入・定着と授業研究の導入・定着を理数科教育協力におけるアプローチの柱として採用しているが、今後もさらに推進していくべきである。
>
> （JICA, 2007, p.11）

2015年3月現在で教師教育を主たるコンポーネントとするプロジェクトは世界40か国で実施されていた(又地・菊池, 2015)。そのうち、27か国のプロジェクトで授業研究の導入が試みられている(表0-2)。

表0-2　教師教育を主たるコンポーネントとする技術協力プロジェクトの実施国

授業研究支援の有無	地域・国			国数
	アジア・大洋州	中南米	中東・アフリカ	
「授業研究」導入を意図していない教師教育プロジェクトの実施国	アフガニスタン、ラオス、パプアニューギニア	ドミニカ共和国、エルサルバドル、グアテマラ	アンゴラ*、ブルキナファソ、エジプト、マラウイ、シエラレオネ、スーダン、タンザニア*	13
「授業研究」導入を意図した教師教育プロジェクトの実施国	バングラデシュ、カンボジア、インドネシア、モンゴル、ミャンマー、パキスタン、フィリピン、スリランカ、ベトナム	ボリビア、チリ、コロンビア、ホンジュラス、ニカラグア、ペルー	エチオピア、ガーナ、ケニア、モロッコ、モザンビーク、ニジェール、ナイジェリア、ルワンダ、セネガル、南アフリカ、ウガンダ、ザンビア	27
合計	12	9	19	40

*：現地国内研修のみ

(又地・菊池, 2015, p91)

しかし、JICAによる現職教員研修の支援は、初期はカスケード(伝達講習)方式が主体であったが、2000年代に入って、校内研修やクラスター方式による、より教室に近い場所での研修へと移る。それを示すのが図0-1である。

高坂・松原(2018)によると、1998年にケニアで理数科教育プロジェクトが開始されたのを皮切りにアフリカでは15か国[4]38プロジェクトが実施済みもしくは実施中であった(図0-1)。そうした技術協力プロジェクトは、共通して、理数科教育の指導法の改善と現職研修の仕組み作りを主たる活動としていた(Matachi & Kosaka, 2017; 高坂・松原, 2018)。その両者を可能にするものとして想定されていたのが授業研究であった。

日本の授業研究は、「借用」と「貸与」による政策移転が同時に、しかもグローバルに進行している極めて興味深い事例である。

	1998	1999	2000	2001	2002	2003	2004	2005	2006	2007	2008	2009	2010	2011	2012	2013	2014	2015	2016	2017	2018	2019	2020
ケニア	③現職教員研修（カスケード方式）					③現職教員研修（カスケード方式）						③現職教員研修（ハイブリット方式）											
南アフリカ		③現職教員研修（クラスター方式）				③現職教員研修（クラスター方式）																	
ガーナ			③現職教員研修（クラスター方式）					③現職教員研修（クラスター方式）				③現職教員研修（クラスター方式）					③現職教員研修（クラスター方式）						
マラウイ							③現職教員研修（カスケード方式）				③現職教員研修（カスケード方式）					③現職教員研修（ハイブリット方式）							
ウガンダ								③現職教員研修（カスケード方式）			③現職教員研修（ハイブリット方式）					③現職教員研修（ハイブリット方式）							
ザンビア								③現職教員研修（クラスター方式）			③現職教員研修（クラスター方式）			③現職教員研修（クラスター方式）					③教員養成				
ナイジェリア									③現職教員研修（カスケード方式）				③現職教員研修（ハイブリット方式）										
ニジェール									③現職教員研修（カスケード方式）				③現職教員研修（ハイブリット方式）										
モザンビーク									③現職教員研修（クラスター方式）										③教員養成				
セネガル										③現職教員研修（カスケード方式）				③現職教員研修（ハイブリット方式）				③教師用指導書					
ブルキナファソ											③現職教員研修（カスケード方式）				③現職教員研修（カスケード方式）				③教員養成				
ルワンダ											③現職教員研修（カスケード方式）					③現職教員研修（クラスター方式）				③現職教員研修（クラスター方式）			
南スーダン												③現職教員研修（カスケード方式）											
エチオピア														③現職教員研修（ハイブリット方式）			④アセスメント						
シエラレオネ														③現職教員研修（カスケード方式）									

（高阪・松原, 2018, p.103）

図 0-1　アフリカにおける技術協力プロジェクトとその内容

第３節　南アフリカの教育課題と日本による南アフリカ支援

1　南アフリカの教育課題

1994 年、南アフリカ共和国（以下「南アフリカ」）では初めて全人種が参加する民主的な選挙が実施され、ネルソン・マンデラを党首とするアフリカ民族会議（African National Congress: ANC）が第 1 党となった。マンデラ新政権は、アパルトヘイトの負の遺産を一掃し、新しく民主的な国家として生まれ変わったこと（transformation）を国内外に知らしめることを最優先課題としたが（Thompson, 2001）、その象徴が民主政権発足後矢継ぎ早に出された教育改革政策であった。

(1) 中央教育省の設置と学校改革

まず、1995年初めに、それまで人種別、ホームランド別に19も存在した教育省が1つに統合された。あらたに国内の9州（図0-2）それぞれに州教育省が設立された。中央教育省は政策立案、枠組み、基準設定、モニタリング評価を主な任務とする一方、州教育省は政策実施の責任を負うとした。また、南アフリカ学校法（the South African Schools Act, RSA, 1996）は、すべての学校は単一のシステムにより管理されることを明確に規定した。すなわち、満6歳から15歳（第9学年終了時）までを義務教育とすること（図0-3）、各学校に設置される学校理事会（School Governing Body: SGB）に学校運営の権限を与すること、教育予算を公平に学校に配分すること、などである。

単一の学校制度、公正な教育行政制度以上に重要だったのはカリキュラム改革であった。アパルトヘイト下でのアフリカ人の教育は、白人にとって都合のよい非熟練労働力を提供することをその第一の目的とし（Chisholm, 2012; Thompson, 2001）、教育の中身は必要最低限の事柄を丸暗記することに終始した（Nkabinde, 1997）。理数科の学習は黒人には不要と軽視され、学習内容は人文系に偏ったものであった（Nkabinde, 1997）。結果としてアフリカ人の中等学校では数学、理科、技術の教員が極端に少なく、当然のことながら授業のレベルも低いものにとどまっていた（Zayed, 2002; Samuel, 2002）。

(2) カリキュラム改革

そうした人種差別的・不平等で時代遅れの旧カリキュラムに代わる新しい、民主的なカリキュラム（Jansen, 1998, 1999）として導入されたのが、「成果に基づく教育（Outcomes-based Education: OBE）」という欧米の先進的教育理論を核とするCurriculum 2005（以下「C2005」）である。C2005は社会構成主義の立場から、学習者中心、活動主体のoutcomes-based education（OBE）を標榜していたが、それは「教師中心、権威主義、形式的知識重視、内容中心、機械的暗記学習」といったことばで表されるかつての教授・学習観、児童観からパラダイム転換を迫るものである。計画ではC2005は1998年に第1学年と第7学年に導入し、以後、順次全学年で実施することとされた。

C2005は、「まず学習者に達成させたい成果（outcomes）を決め、そこから授

図 0-2　民主化後の南アフリカ９州

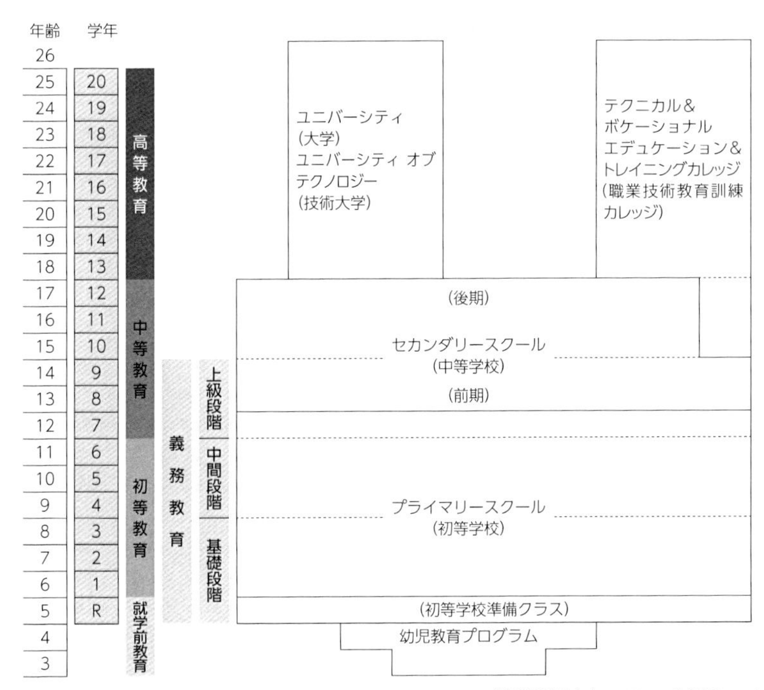

(教科書研究センター, 2020, p.443)

図 0-3　民主化後の学校制度

業内容を教育者（教師）が考えていく、生徒が達成すべき成果からカリキュラムを作成する教育方法」を擁護し、「教える内容の決定から具体的な学習活動の設計まで」すべて現場の教師にゆだねようというもので（又地, 2000, p.131）、教師の専門的力量に全面的に依存するものであった。C2005の導入が公表されると、実施に対して懸念と批判の声が上がった。旧ホームランド（アフリカ人自治地区）の劣悪な学習環境や教師の実態を無視していたこと、教員への周知、研修が不十分であること、適切な学習教材が不足していることなどである（Potenza & Monyokolo, 1999; Chisholm, 2012）。現場のいたるところで混乱と誤解が起こり（Cross et al., 2002; Nykiel-Herbert, 2004）、結局、C2005の導入からわずか2年のちの2000年にカリキュラムの見直しが指示された。2002年にはOBEの考え方は維持しつつ、より簡素化した改定カリキュラム（Revised National Curriculum Statement: RNCS）が公表されたが定着せず、2009年に再改定することが決定された。2012年からは、就学前教育（GR）から第12学年（G12）までのカリキュラムを一体化し、National Curriculum Statement（NCS）: Grade R-12（DBE, 2011）として現在に至っている（表0-3）。

表0-3　教育政策・カリキュラム関連法案

年度	教育政策・カリキュラム関連法案
1995	教育・訓練白書：教育政策の基本的指針設定 国家資格基準：教育と職業訓練を同等に位置づける
1996	学校法：単一の学校システム、義務教育、学校理事会設置
1997	新憲法公布
1997	教育大臣、新カリキュラム（Curriculum 2005）導入を発表
1998	C2005導入（第1学年のみ）
2000	教育大臣、C 2005見直し指示
2002	改訂カリキュラム（Revised National Curriculum Statement: RNCS）公表
2009	RCNS再改定決定
2012	National Curriculum Statement：GR-12(現行カリキュラム)導入

（Gustafsson, 2019, Muller & Hoadley, 2019をもとに筆者作成）

本研究が考察の対象とするムプマランガ州中等理数科教員再訓練計画(Mpumalanga Secondary Science Initiative: MSSI)は、こうした民主化直後のカリキュラム改革の真っただ中で立ち上げられた、マンデラ大統領の教育支援要請に応えて日本が南アフリカで実施する初めての国際教育協力プロジェクトであった。

2　日本による南アフリカ教育支援

(1)　教育支援要請

1994年の民主化後、差別的教育の抜本的改革は最優先課題と位置付けられたが、なかでも経済発展、工業化への礎として理数科教育の強化と教員の質の向上は喫緊の課題であった(「復興開発計画」: White Paper on Reconstruction and Development, RSA, 1994)。その背景には、「アフリカ人学校での理数科科目の質の低さが理数科を担当するアフリカ人教師の慢性的な不足と質の低下を招いている」という事情があった。民主化後の教育改革の基本方針を示した「教育・訓練白書」(White Paper on Education and Training, DOE, 1995)も中心的な政策課題の1つとして、理数科教育の強化、教員の質の向上を挙げた。それを受けて、1996年にはマンデラ大統領が国際社会に対して、①理数科、テクノロジーにかかわる教員の質の向上、②教育の質の改善への支援を要請した。大統領の支援要請にこたえて先進各国が取り組みを展開する中、日本政府も早急に「目に見える」協力を実施する必要があった。

(2)　JICA調査団

民主化後の南アフリカにおける我が国の教育協力の方向性を定めたのは「南アフリカ共和国教育分野案件形成調査」(JICA, 1996)である。調査団は南アフリカの各種政策文書の分析と、小中学校から教員養成大学、教員センターの視察のほか、教育省関係者、国際援助機関関係者との協議を踏まえて、わが国の南アフリカでの教育協力の方向性として、①基礎教育(中等教育)、②教員の再訓練、③理数科教育を打ち出した。それは協力を要請する南アフリカの事情と協力を提供するわが国の事情とがマッチしたものであった。

同調査報告書は具体的な技術協力内容として、研修員受入の拡大、専門家派遣、機材供与、青年海外協力隊理数科隊員の派遣と並んで、技術協力プロジェクトを挙げていた。まずは専門家派遣を速やかに実施し、将来的にプロジェクトによる技術協力の実施を検討することを提言した（JICA, 1996, p.4-2）。その後、本報告書の提言に沿った形で教育協力、調査が進められ、1999年8月の協力計画策定調査（JICA, 1999）によってMSSIの最終的な枠組みの決定がなされた（黒田ほか, 2005）。

第4節　研究の目的

南アフリカは、すべての人種、民族の平等な共生社会を実現するために教育を変え、教育を変えることで社会を変えようとしてきた。共生社会の実現には学習成果の平等、格差是正は必須条件である。民主化から四半世紀を経た今日、「人種」による教育格差、学力格差が前面にでることは少ない。「人種」に代わって用いられるのは、学校5分位システム（National Quintiles System：NQ）と呼ばれる社会経済的指標である。貧困度によって優先的に教育予算を配分する目的で、学校は、最も貧しい地区の学校であるNQ 1からもっとも裕福な学校であるNQ5に区分されている。国内外の学力調査のデータは、NQによって顕著な、根強い学習格差のあることを示している。NQは人種・居住地を色濃く反映する指標でもあり（Zuze et al., 2017）、その含意は、貧しい家庭に生まれた（アフリカ人の）子どもの多くが無償の、学習成果の低い学校に通い、低学力、低学歴、低所得に甘んじる確率が高いということである。貧困層の子どもたちに質の高い教育と学習を保障しないかぎり、貧困格差は世代を超えて受け継がれる可能性が高い。人種による社会的不公正は依然として解消されていない（小野 , 2021a; Spaull, 2015）。

学びの格差解消のためには、Wagner（2018）も言うように、人口の半分以上を占める社会経済的に恵まれない層の学力の底上げをはかることを最優先しなければならない。そのためには「教師の教え方、教室での授業技術を変えることが最も効果がある」（Conn, 2017; McEwan, 2015）ことが先行研究のメタアナリシスから示唆されている。これは、まさに、MSSIが授業研究の移転によって目指したことであった。そうしたことを目指しながらMSSIでは、なぜ、授業研究を現地に定着させることができなかったのか、授業研究はどうすれば定着させることができた（る）のか。

筆者はMSSIにおいては短期専門家として授業研究の移転・定着というプロジェクト目標の実現を支援した。その後、JICA国別研修「初等算数科における教員の授業実践能力向上初等算数プロジェクト」（2016-2017）では、南アフリカ授業研究指導者育成のための研修計画を立案し、計画の実施をモニタリングした。

本研究では、こうした筆者の授業研究移転・定着の支援を、「学術研究の視点・思考法・概念・枠組」に位置づけ（今津, 2020）、学術の言葉で言語化しようとした。

なお、JICAに帰属するJICA技術協力プロジェクト（MSSI, 1999-2006）ならびに、JICA国別本邦研修（2017）に関わるデータの利用については、博士論文研究計画書を添付した上でJICA人間開発部に「データ利用許諾申請書」を提出し、許可を得た。データを使用するにあたっては、JICA利用許諾申請書に記載されている注意事項を遵守し、自由記述において個人や組織が特定されないよう匿名化するなど、細心の注意を払った。

本書第3章はすでに発表した共著論文「国際教育協力における『授業研究』の有効性－南アフリカ人教師による生物の授業を事例として」（小野ほか, 2007）を一部修正して用いた。共著者3名からは上記共著論文を本研究の一部として使用することについて同意書を受領した。また、第3章の事例研究の対象であるZ氏からは、MSSI本邦研修で撮影した氏の模擬授業、研究授業ビデオのほか、MSSIプロジェクト期間中に氏の勤務校で撮影した授業ビデオ、氏へのインタビューを使用することについて許諾を得た。

注

1　低利で長期の緩やかな条件で、開発資金を貸し付けるもの。

2　返済義務を課さずに開発資金を供与するもの。

3　生徒が学習課題を自分の問題として捉え、生徒自身の思考や身体を使って、他者との対話を通して自ら答えを見つけ出す過程が含まれている授業。

4　又地・菊池（2015）では、19か国。そのうちアンゴラ、タンザニアは国内研修のみで除外し、17か国。高阪・松原（2018）ではサブ・サハラを対象としているのでエジプトとモロッコを除く15か国となる。

第1章 MSSI授業研究移転の問題点と研究課題

第1節　南アフリカ教育支援の概要

JICAによる南アフリカ教育支援を、前期（MSSI実施時期：1999-2006）と後期（個別専門家派遣時期：2012以降）とに分け、JICAによるMSSI終了時評価報告書、JICA業務指示書の記述をもとにその支援枠組みの特徴を表1-1に示した。前期（MSSI）は第1フェーズ（1999-2003）と第2フェーズ（2003-2006）からなる。第2フェーズ（2003-2006）は、第1フェーズ終了時評価（2002年7月）によって延長が提言されて実施されたものである。「研修の成果を教室に届ける」ことがより意識され、本邦研修に教員が参加することになった。基本的な授業研究移転の枠組みには変更がないため合わせて前期とした（表1-1）。

前期と後期の協力の枠組みで大きく異なる点として、JICAの協力形態が技術協力プロジェクト型から、個別専門家派遣へと変わったこと、業務実施のための南アフリカ側のカウンターパートが1地方州であるムプマランガ州から中央政府の基礎教育省カリキュラム政策・モニタリング局に変更したことである。これは将来的な全国展開も踏まえて、ということであるが、JICA専門家の業務の内容を基礎教育省の責任者に認知させる上では重要な変更である。日本側の協力体制は大学教員からなるチームから、単独の専門家に変更となっている。また、支援対象の学年は中等教育から初等教育へ移り、支援対象となる教科、学校数も限定されている。

前期MSSIの支援体制の決定には、プロジェクトが開始された1999年当時の南アフリカの教育事情が影響している。すなわち、1998年にC2005という新カリキュラムが教科書、教材、教員研修が未整備なまま見切り発車してしまった（Fiske & Ladd, 2004; Jansen, 1998, 1999）ことから、新カリキュラムの導入に資する理数科教員研修を、ムプマランガ州の対象教員全員に行う必要があった。また、アパルトヘイト下で様々な差別、不平等を体験していたアフリカ人は、一部の学校、教師だけが恩恵を受けることへの強い反発があったという（黒田ほか, 2005）。

表 1-1　南アフリカ教育支援枠組みの比較

	前期（MSSI）：1999 ～ 2006[5]	後期：2012 ～ 2019[6]
協力形態	技術協力プロジェクト	算数教育政策アドバイザー派遣
カウンターパート	ムプマランガ州教育省（MDE）	中央基礎教育省(DBE)カリキュラム局
日本側協力体制	広島大学・鳴門教育大学 短期専門家チーム	個別専門家（元小学校教諭、途上国勤務経験あり）
対象学年・対象校	州内全中等学校 第 1 フェーズ：8-9 学年 第 2 フェーズ：7-12 学年	パイロット地区のパイロット初等学校（1-4 年生）
対象教科	中等理数科	初等算数
協力の目的	理数科教員の指導力改善 カリキュラム改革への対応	教師用教材開発と普及による授業改善
移転しようとするもの	校内研修制度・授業研究	授業研究手法による授業改善の慣行（2014 以降明確）
日本側専門家の役割	CI への経験提供 側面支援	教員用教材開発の専門知識提供 CI のメンター的役割
主要アクター	教科指導主事（CI[7]）	教科指導主事(Subject advisor)
主要アクターに期待される役割	校内研修制度構築の支援 授業研究支援	教材を活用して授業を改善するよう支援
本邦研修目的	研修教材の開発 校内研修制度 授業研究	授業研究での介入・支援のあり方を学ぶ
授業研究移転方法	カスケード方式 州・教科主任（クラスターリーダー）・学校	パイロット校方式 中央研修・地方研修・学校
移転の文脈	民主化後のアフリカ人教師の能力強化 新カリキュラム導入促進	国の発展に寄与する人材育成 算数学力の社会的不公正

（MSSI プロジェクト終了時評価報告書、業務指示書をもとに筆者作成）

第 2 節　MSSI の政策移転観および授業研究観の検討

MSSI（1999-2003/2003-2006）は 1999 年 11 月、ムプマランガ州教育省と JICA との間に政府間技術協力プロジェクト合意文書（R/D）を締結してスタートした。概要は以下の通りである（表 1-2）。州内 10 地区は初年度 4 地区、2 年度に新たに 4 地区、3 年度に残りの 2 地区、と順次対象地区と対象校を拡大していく計画であった。

表 1-2　MSSI 第 1 フェーズ（1999-2003）の概要

上位目標	ムプマランガ州の中学生が質の高い理数科の授業を受けることができる。
プロジェクト目標	① ムプマランガ州のアフリカ人理数科教員の指導力が向上する。 ② ムプマランガ州教育省に、理数科現職教員研修システムが構築される。
実施主体	ムプマランガ州教育省
協力主体	JICA（広島大学・鳴門教育大学）、プレトリア大学
協力期間	1999 年 11 月から 2002 年 11 月（2003 年 3 月まで延長）
対象主体	州内全中学校（540 校）の全理数科教員
対象学年	Grade8 と Grade9（日本の中学 2 年生、3 年生相当）
対象科目	数学・理科
成果	① 本邦研修（国別特設研修）を通じ、教科指導主事（Curriculum Implementer：以下 CI）が必要な知識・技術を持つ。 ② 教科指導主事によって各中学校の教科主任（Head of Department：以下 HOD）及び理科・数学の主任（Subject head）が、現職教員校内研修を指導できる能力を育成する。 ③ 各中学校において学科主任が校内研修を実施できるようになる。 ④ 各学校において校内研修に協力的な環境を作る。 ⑤ ムプマランガ州教育省が教員研修システムの計画・モニタリング・評価ができるようになる。 ⑥ 校内研修用教材が開発される。 ⑦ 教員センターの活用（草の根無償資金協力による協力）を支援する。 ⑧ 日本の教育手法の南アフリカへの適用可能性に係る研究を支援（プレトリア大学への研究支援）する。

（黒田ほか, 2005; JICA, 2003a をもとに筆者作成）

概要から、理数科現職教員研修システムが、「学校ベースの自主的な現職教員研修」(校内研修) を意図していることが分かる。MSSIでは、新カリキュラムC2005を教室レベルでどう実践するかの参考となる教材を開発し (成果⑥)、それを用いて校内研修をすること (成果③) により、アフリカ人理数科教員の指導力向上 (プロジェクト目標①) を実現しようとした。その校内研修の中核に「授業研究」が位置づくというのがMSSI日本側関係者の共通理解であった (長尾・又地, 2002, p.91)。プロジェクト目標①の実現のためには、「プロジェクト目標②ムプマランガ州教育省に、理数科現職教員研修システムが構築される」ことが必要というロジックであった。

MSSIの概要は上記の通りであるが、そこには以下のような4つの問題点を指摘することができる。

1 「経験提供型移転」モデル

MSSIは、限られたプロジェクト期間内に教員の理数科指導力や生徒の学力向上にどれだけ効果があったか以上に、そのような改善努力を継続的に行うメカニズム、すなわち「学校ベースの自主的な現職教員研修システムの構築」に事業の主要関心を向けた点に大きな特徴がある (黒田ほか, 2005, p.178 ; 長尾・又地, 2002, p.85)。その具体的目標を実現する方法として、MSSIでは「経験提供型」の移転概念を用いた。

> 日本の進んだ技術を移転するというよりは、日本の経験を提供し、その中から、相手国のおかれた状況で役に立ちそうなもの (適正技術・経験) を相手国側関係者自身が判断して取捨選択し、自分たちの手で再構築する。したがって、日本側の考える適正技術の押しつけではなく、相手国側関係者自身が判断した適正な技術・経験を彼ら自身の手で再構築することになる。日本側関係者は、それを側面から手伝うと言う形になる。 (長尾・又地, 2002, p.92)

MSSIがかれらに伝えるべき経験の中身とは、「授業研究の手法を用いて、日本の理数科教員がいかに学校ベースの自主研修を慣行として定着させてきたか、またそれを通していかに多様な教材開発を実現してきたか」(長尾・又地, 2002, p.91) ということである。その経験の伝達の仕方として依拠したのが、南アフリカ側教育関係者が日本の「経験」を直接観察することを通して自ら学習し、咀嚼し、必要な要素を取り出して校内研修システムの形成に役立てる、というオーナーシップ重視の、つまり「貸与」としての経験提供型移転モデルである。

オーナーシップ（自主性）が未だ脆弱な段階での「貸与」は、受け取る側の実態を軽視した理想論的な移転観であった。

そしてMSSIの「経験提供型」移転の中心に位置するのが理数科指導主事（CI）である。日本側の主たる技術支援はCIを対象とした6週間の本邦研修においてなされ（黒田ほか, 2005, p.178）、CIは本邦研修において日本の教育経験について学ぶとともに、次年度の研修計画、研修教材を開発して持ち帰った。

2　校内研修制度の構築をCIに託す

MSSIが移転しようとした政策は校内研修制度であり、校内研修の中身としての授業研究であった。経験提供型とは言うものの、受け取る側のオーナーシップは弱い。さらに、現職教員政策とかかわる校内研修制度の移転をカリキュラム局のラインに位置するCIに託したことにも無理があった。確かに、CIはC2005という新カリキュラム導入のための研修実施に責任を負っていた。MSSI研修も新カリキュラム導入のための教員の再訓練という意味で教員研修であり、CIは研修の責任を負う。また、CIの通常業務の一環として、カリキュラムが教室でどのように実施されているかを確認し指導するために、学校訪問することは職務に明示されている。だが、学校訪問をして、HODが校内研修を実施していない場合であっても、CIは校長を指導する権限はない。MSSIが優先した「学校ベースの現職教員研修システムの構築」（黒田ほか 2005, p.178）をCIに委ねたのは、行政制度を無視した、「良いものであれば必ず理解され、実践される」という楽観的な見方にすぎるといえよう。

3　カスケード方式

本邦研修に参加したCIは、帰国後、カスケード方式で年3回実施される州レベルのCI研修（第1レベル）、地区レベルのHOD研修（第2レベル）を通じて教員への経験と教材の共有（移転）を担った。カスケード方式とは同じ研修を何段階かに分けて実施し、多数に広める方式である。一般に、カスケード（何層にも連なる小滝）の層が多いほど、研修効果は薄まるとされるが、州内に現職教員研修システムを構築することを目指したMSSIでは、カスケード方式を採用したのは当然であったとされた（黒田ほか, 2005, p.178）。

しかしカスケード方式によって校内研修活動が末端の学校まで伝達される、と考えるのは楽観的すぎる。確かに「教材」のように形のあるものを学校まで届けることは可能であるかもしれない。しかし、多くのアフリカ人教師にとって「研修」とは、高い資格を得る事、その結果、よりよい給与を得ることを目的に、大学が提供するコースを受講することであった（Welsh, 2002, pp.21-22）。MSSIが伝えたい研修観、すなわち「授業研究の手法を用いて、日本の理数科教員がいかに学校ベースの自主研修を慣行として定着させてきたか、またそれを通していかに多様な教材開発を実現してきたか」（長尾・又地, 2002, p.91）は、異なった研修観を持つ一般のアフリカ人教員には、短時間の伝達講習型の研修を通して理解するのは困難であっただろう。結果として

> 現地ではカスケード方式の上・中流部分に携わる教育省のコーディネートチームに対する評価は高かったものの、下流部分すなわち学校での実施内容・質については教育省も十分に把握できておらず、この点、今後のプロジェクト実施体制を再検討する上での課題とされた。（黒田ほか, 2005, p.193）

4 グループ活動としての授業研究観

MSSIでは授業研究はどのようなものとして理解され、実践されていたのだろうか。MSSIの（伝えようとした）授業研究観は次のようなものである。

> 「お互いの授業を参観した後に授業改善の可能性や方法について共同で批判的・建設的に討議する授業研究の手法」（長尾・又地, 2002, p.91）

> 「授業の質を高めるために授業を対象として教員同士が互いに批判・検討しながら効果的な教授方法や授業のあり方などを研究するもの」
> （JICA, 2003a, p.163）

MSSI/JICAは授業研究を「授業を対象に、共同で、批判的に討議し・考察することを中核とする教師の学びのプロセス」ととらえていたことが分かる。

MSSI では学校レベルでの授業研究はほとんど実施されていなかったが、断片的に得られる情報では、「教師が協同するグループ活動」ととらえていたようである。peer teacher learning（教師同士の学び合い）という用語が好んで用いられたこともそれを裏付けている（Jita, Maree, & Ndlalane, 2008）。それまで孤立していた教師、教えることに自信が持てなかった教師にとってはお互いが持っている長所を分かちあい、助け合うものとして好意的に映った。また、新カリキュラム C2005 でも子ども同士の協同が奨励されていることも受け入れやすかった。

> この国では教員は従来、授業の進め方や教材について同僚に相談したり、第三者からのアドヴァイスを受けたりする習慣がなかったが、MSSI による学校ベース研修への参加を機に教員同士のグループ活動が行われるようになり、授業のレベル向上につながっている。　（黒田ほか, 2005, p.189）

しかし、授業研究の本質は「批判的に省察する」（critical reflection）ことによって授業実践の質を高めていくことである。授業研究が効果的であるためには一連のプロセスにおいて同僚からのフィードバック、批判が重要な役割を果す。同僚からの批判的な問いかけを契機に批判的な自己省察（critical self-reflection）をすることで、実践に埋め込まれている暗黙の思い込みが明らかになる。授業研究に不可欠なのは、批判的な自己省察をいとわないことである（Lewis, 2002; Lewis & Tsuchida, 1998）が、批判的な意見を受け入れるのは決して容易ではない（Buono, 2012; Gero, 2015）。結果として当たり障りのない表面的なことしか言わないため（Lewis, Friedkin, Emerson, Henn, & Goldsmith, 2019）、授業改善につながらない。

日本人教師の場合は、日常生活に埋め込まれている「反省」の習慣を通じて授業研究を成立させている行動様式、すなわち、「他人からの批判に耳を傾ける、集団の一員として行動する、目的を達成するプロセスを大切にする、他人が発言しているときには邪魔をせず黙って聞く、順番を待つ」を獲得していると考えられる（Ebaeguin & Stephens, 2014; Lewis, 2002; Lim-Ratnam, Lee, Jiang, & Sudarshan, 2019; Rappleye & Komatsu, 2017; Seleznyov, 2019）。批判的な反省、振り返りが文化に根差していないところで実践することは日本人が想像する以上に難しい。また、それをカスケード方式で学校まで伝達しようとしたのは事業設計のミスであろう。

確かに、MSSI はプロジェクトの設計段階で、当時として最先端の考え方を採用している。オーナーシップを高めるための経験提供型移転概念、支援する側、支援される側共にお互いについて相互に学び合う相互学習論、対等なパートナー観、現地人材の有効活用（プレトリア大学科学教育センター）、参加型評価などである（黒田ほか, 2005; 長尾・又地, 2002）。しかし、総じて理想論であり、具体的な問題点としては、中央教育省ではなく州教育省をカウンターパートとし、CI への過度な期待をしたこと、MSSI として伝えたい校内研修制度・授業研究の考え方が容易に理解されるとする理想論的な移転観、楽観的な授業研究観に基づいていたこと、一挙に広範囲に研修成果を広めようとしたカスケード方式の採用が指摘できる。

第３節　研究の分析枠組みと３つの研究課題

本節では、上記 MSSI の 4 つの問題点について更に批判的分析を深めるため、示唆を与えてくれる理論・モデルを検討・考察し、それを踏まえて研究課題を提示する。

指摘した問題点について分析を深めるため、本節で検討・考察するのは以下の理論・モデルである。

1. 教育政策移転理論
2. イノベーション普及理論
3. 現職教員研修による教師変容モデル

各理論が南アフリカへの授業研究の移転・普及・受容定着のプロセスのどの部分と関係するかを示すのが図 1-1 である。まず、日本で生まれた授業研究が現職教員研修モデルとして南アフリカへ移転される段階を説明するのは教育政策移転理論である。MSSI によって南アフリカに移転された授業研究を、学校に導入、普及させようとする段階はイノベーション普及理論を援用する。授業研究をイノベーションとして捉えることは、南アフリカの教員の目に授業研究という新奇な試みがどう映るかを理解することを可能にする（小野, 2019）。現職教員研修において教師の授業実践力量を向上させようとした試みは大小、無数にある。しかし、授業研究も含めて現職教員研修で得られた学びを教師が教室で実行、実践するかどうかはまた別問題である。

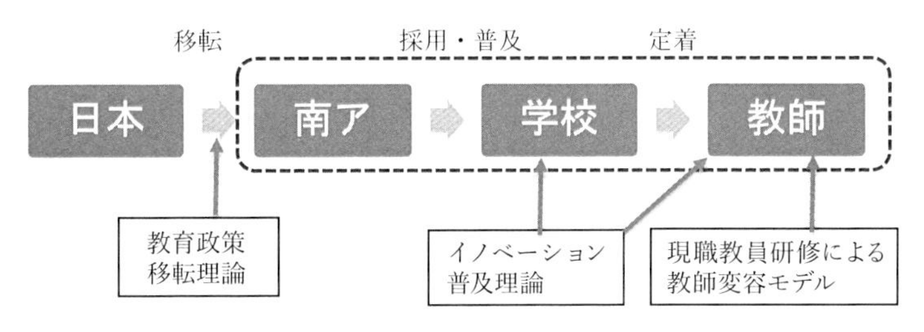

図1-1　授業研究の移転にかかわる理論・モデル

1　教育政策移転理論

「政策移転」は、「ある政策がある場所から別の場所へ移動する現象」を指す一般的な用語である(Perry & Tor, 2008)。政策移転のプロセスにおいて借用、貸与という用語は行為主体(agency)という概念を含み、政策の送り手(貸し手)だけではなく、受け手(借り手)の存在を意識させる重要な概念である。借用(borrowing)とは、「他のコンテクストで観察された政策を別のコンテクストで意識的に採用すること」(Phillips & Ochs, 2004)をいう。つまり借用は、「誰」かが、ある特定の時期に、ある特定の政策なり実践を、なんらかの動機と目的をもって借用した(する)ことを指す。Phillips & Ochsは借用の対語である貸与(lending)を定義していないが、借用の定義にならえば、貸与とは、「誰」かが、ある特定の時期に、ある特定の政策なり実践を何らかの動機と目的をもって貸与した(する)ことを意味する。同一政策であっても借用の視点から研究するか、貸与の視点から研究するかで重点が異なる(小野, 2009)。政策借用の場合、借用する主体によりフォーカスがおかれているのに対して、政策貸与では政策のオリジナル国により注目が集まる。また、移転する(しようとする)ものは概念、目標、事業、制度など多岐にわたる(Dolowitz & Marsh, 2000; Phillips & Ochs, 2004)。本研究では、教育政策移転を「借用ないしは貸与によって、ある特定の時期に、別のコンテクストにおいて採用されることを意図してある特定の教育政策に含まれる思想、構造、実践が、グローバルに移動する現象」と定義する。

(1) 教育移転のスペクトラム

教育政策や実践の移転例を研究する中で、Phillips & Ochs (2004) が提示した分析ツールの1つが、移転の主体性からみたスペクトラムである。彼らは政策移転のイニシアチブ(主体性)によって「1 強制された」から「5 影響による導入」まで、一つの連続体の上に位置付けられると主張した(図 1-2 参照)。

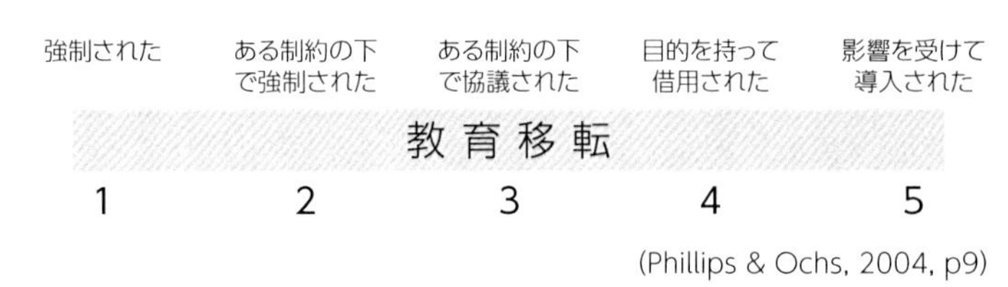

図 1-2　教育移転のスペクトラム

たとえば、第二次世界大戦後のソビエトブロックの事例や植民地の事例では、特定の教育モデルを強制的に押し付けたもの、すなわち1と理解される。第二次世界大戦後の日本の教育改革は新しい施策を導入することを連合国総司令部から要請されたが、これは「2 制約下における強制」に相当する。「3 制約下における協議」は、様々な援助の見返りに政策や実践を変更することを要求される事例であり、日本の技術協力プロジェクトは一般に3に該当すると考えられる。それに対して、明治期の西欧化政策や最近のコンピテンシー概念などは、日本が意図的かつ自主的に借用する事例であり、「4 目的を持った借用」となる。5の事例として、グローバル化の波や国際的に著名な教育学者の思想や理論からの一般的な影響を挙げている (Phillips, 2009, p.1070)。

Phillips & Ochs (2004) は明確には言及していないが、スペクトラム上の1-3のタイプには、貸し手の存在があり、借り手と貸し手との間に主従関係あるいは力関係が存在する。このスペクトラム上の真ん中に位置する「3 制約下における協議」は、政策を貸し出す側と借りる側の力関係が拮抗しているように見えるが、現実は借り手 (途上国) よりも貸し手 (ドナー国、国際機関) の力が上回っていると理解すべきであろう (Anderson-Levitt & Diallo, 2003; Tabulawa, 2003)。

(2) 教育借用の4段階

Phillips & Ochs (2003) は教育移転理論の構築を目的として、歴史的な移転事例を詳細に分析した結果、政策なり実践に関心が向けられてから、受け入れ国に根付くまでには次のような4段階を経る、と仮定した。すなわち、「第1段階:国境を越えた誘因 (cross-national attraction)」、「第2段階:決定 (decision)」、「第3段階:実行・実践 (implementation)」、「第4段階:内在化・現地化 (internalisation/indigenisation)」である (図 1-3)。

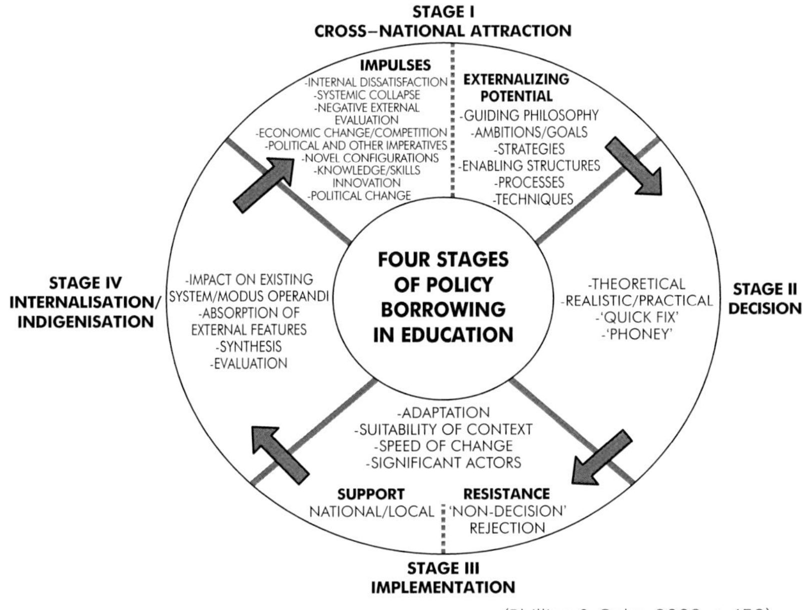

(Phillips & Ochs, 2003, p.452)

図 1-3　教育借用の4段階モデル

この4段階モデルは、政策移転という現象を引き起こす文脈の存在－どのような動機や目的で、他国のどのような政策や実践に関心を持ったのか－へ関心を払っている。政策移転を促す刺激要因 (impulse, catalyst) としては次のようなものが挙げられる (表 1-3)。

表 1-3　教育政策移転の誘因

- 政治的変革（アパルトヘイト後の南アフリカ）
- 現行システムの崩壊（東ヨーロッパ）
- 国内の不満（スプートニクショック）
- 外部からのマイナス評価（ドイツでの PISA ショック）
- 新構造や同盟：計画されたもの（EU）やそうでないもの（グローバル化）
- 知識技能のイノベーション（新規テクノロジー）
- 極度の激動の余波（戦争、自然災害）

(Phillips & Ochs, 2003, p.452)

さらに、移転したいと望む政策・実践のタイプは大きく以下の 6 つに分けられるとした（表 1-4）。民主化後、南アフリカに導入された OBE の考えに基づく新カリキュラムは、民主化後の政治的変革を政策移転促進の誘因とし、野心的な目標を実現しようとして試みられた政策借用の事例である（Jansen, 2004）。

表 1-4　移転対象となる政策・実践のタイプ

- 指針となる哲学・イデオロギー：一般的で、実現に向けて努力するようなもの
- 野心的な目標：基礎学力の大幅向上
- ストラテジー：教育ガバナンスに関わる全ての事項
- 構造：行財政制度
- プロセス：規範や法令制度
- テクニック：教授学習に用いる教授学的なもの

(Phillips & Ochs, 2003, p.453)

Phillips & Ochs (2004) は、借用あるいは移転しようとする政策や実践は、移転のプロセスを経る中で様々なフィルターあるいはレンズによって繰り返し解釈が行われることも指摘した。彼らの提示した移転の 4 段階モデルのそれぞれの段階で、解釈が行われることを意味する。その結果、貸出国のものとは著しく異なったものに変容する場合があり得る。実際、南アフリカの先進的な OBE カリキュラムも（Nykiel-Herbert, 2004）、授業研究もかなり異なったものとして解釈され、定着した事例が報告されている（たとえば Fujii, 2014; Sakamoto & Ono, 2014; Seleznyov, 2018）。

2　イノベーション普及理論

(1)　イノベーションの定義

イノベーション普及理論を唱えたロジャーズは、もともと農業イノベーションの普及分析から始めたが、その後は保健衛生や教育イノベーションなど様々な分野のイノベーション普及過程へと研究を拡大した（ロジャーズ, 2007）。

ロジャーズによるイノベーションの定義は次のようなものである。

> イノベーションとは、個人あるいは他の採用単位によって新しいと知覚されたアイディア、習慣、あるいは対象物である。　　　　（ロジャーズ, 2007, p.16）

つまりあるアイディアが個人にとって新しいものと映れば、それはイノベーションであり、イノベーションが新知識である必要はない（ロジャーズ, 2007, p.18）。また、イノベーションというと、たとえばパソコン、スマホ、ドローンなど技術的イノベーションを想起させるが、政治思想、宗教的概念、ニュースでの出来事、禁煙条例など、ソフトウエア・イノベーションもイノベーションの１つである。ロジャーズのこの定義に従えば、授業研究はソフトウエア・イノベーションといえる。

(2)　利用者によるイノベーションの知覚

多くのイノベーションは、利用可能になってから採用されるまでに長い年月を要するが、あるイノベーションは他のイノベーションよりも明らかに採用される速度が速い。ロジャーズは、採用される速度が速いというのは、イノベーションが好ましいものという態度形成が促されるということであり、それは、個人（ユーザー）があるイノベーションの属性をどう知覚するかが関係していると説いた（ロジャーズ, 2007, p.21）。とりわけ、次の５つの知覚属性は採用速度の違いを説明するのに有用であるとした（表 1-5）。

表 1-5　イノベーションの知覚属性

イノベーションの知覚属性	定　義	理想のイノベーション
相対的優位性	これまでのイノベーションより良いと知覚される度合い	高
両立可能性	既存の価値観との合致度	高
	過去に導入されたアイディアとの合致度	高
	ニーズとの合致度	高
複雑性	理解したり使用することがむずかしいと知覚される度合い	低
試行可能性	小規模でも実験できる度合い	高
観察可能性	結果が他人の目に触れる度合い	高

(ロジャーズ, 2007, pp.21-23)

理想のイノベーションは、相対的優位性、両立可能性、試行可能性、観察可能性については高いと知覚され、複雑性において低いと知覚されるイノベーションであり、理想的なイノベーションは採用速度が速い。5つの因子のうち、相対的優位性と両立可能性は採用速度を説明する上ではより重要な属性である（ロジャーズ, 2007, p.23）。ただし、イノベーションが「客観的」な優位性を持っているかどうかはあまり重要ではなく、あくまでも利用者がイノベーションを優位とみなすかどうかが肝心である、という。アイディアのみのソフトウエア・イノベーションの場合、観察可能性の度合いが低くなり、普及速度は遅い（ロジャーズ, 2007, p.18）。

相対的に複雑で理解するのが難しいイノベーションはイノベーションの単純化あるいは誤解によって、変更、修正されやすい。時にはイノベーションに関する詳細な知識を持っていないためや不適切な学習のために生じることもある（ロジャーズ, 2007, pp.110-111）。

3　現職教員研修による教師変容モデル

途上国、先進国を問わず、教室での教師の授業行動と教師の信念との間には密接な関係があり、授業行動は変化しにくいことが知られている（Fang, 1996; 岩國, 2015; Tabulawa, 2013; Vavrus, Thomas, & Bartlett, 2011）。カリキュラム改革のたびにまず教師の考え方、すなわち信念、価値観を変えることが必要であるとして研修が計画され実施された。しかし、いったん獲得された教師の信念や価値観、態度はなかなか変化しにくく（Kagan, 1992; Pajares, 1992）、現職教員研修は教師の授業行動を変えることにも、生徒の学力を向上させることにもなかなか結び付かないと批判された。

現職教員研修による教師の授業行動、信念・態度の変化を研究してきたGuskey（1986, 2002）は、「現職研修⇒教師の信念・価値観の変化⇒教室での教師の行動の変容⇒生徒の学習成果の向上」という従来の一般的な教師変容モデル（図 1-4）に異議を唱え、「現職研修⇒教室での教師の行動の変容⇒生徒の学習成果の向上⇒教師の信念・価値観の変化」というモデルを提唱した（図 1-5）。Guskey（2002）は、教師は日々の実践にかかわる具体的で実践的アイディアを現職教員研修で求めており、そのアイディアを授業で実行に移してみて、生徒に効果があったと認めた時にマインドセットや信念の変容が起こる、と論じた（Guskey, 2002, p.382）。

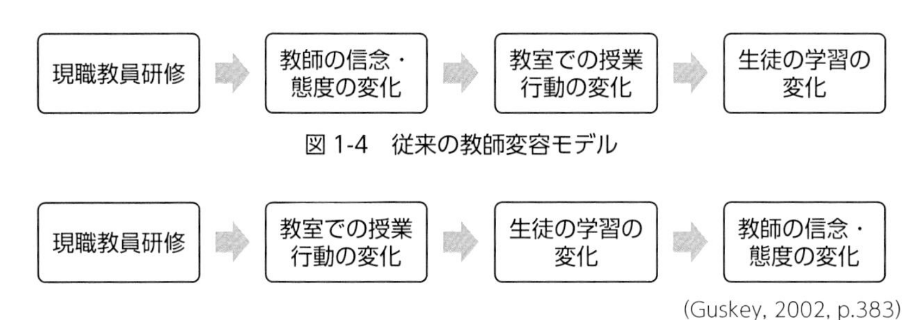

図 1-4　従来の教師変容モデル

図 1-5　現職教員研修による教師変容モデル

このモデルで重要なのは、教師が現職教員研修で学んだことを授業で実践するように支援することである。変化、イノベーションに直面した時、多くの教師は次のようなジレンマに陥る。教師にとって授業で何か新しいことを実践しようとすると時間と労力が必要なため、物理的にも心理的にも大きな負担がかかる。慣れ親しんだやり方に代わる、新しい授業行動を身につけ、さらにその新しいやり方に意味を見出すためには時間と努力が必要である。失敗のリスクもあり、教師にとっては不安、脅威を感じるため、もともと新しいやり方には慎重であるが、本当に新しいやり方が効果的であると分かってもなかなか変えられない(Guskey, 2002, p.386)。こうしたジレンマを理解し、以下の原則に基づいて学校現場で継続的な支援を行うことによって教師の授業行動を変化させることができる、とした。

① 現職研修での学びを教室で実践し、教師のレパートリーとして定着させるためには、教師にとって変化というのは緩やかで、困難なプロセスであることを理解すること
② 研修で学んだ新しい授業の方法を実践することで、学習者にどのような変化が見られるかを定期的に教師にフィードバックすること
③ 継続的なフォローアップ、支援、適度なプレッシャー

4 本研究の分析枠組みへの示唆

これまで概観した理論、モデルから、本研究の分析枠組みへの示唆を表1-6のように表すことができる。

表 1-6 理論・モデルからの分析枠組みへの示唆

教育移転理論（Phillips & Ochs, 2003, 2004）
• 政策移転には借用と貸与とがあり、移転の主体性が異なる。 • 国際教育協力による政策移転は貸与にあたる。 • 移転の誘因として、文脈は重要である。
イノベーション理論（ロジャーズ, 2007）
• イノベーションの相対的優位性、両立可能性、試行可能性、観察可能性、複雑性をユーザーがどう知覚するかが、普及に影響する。 • 相対的優位性と両立可能性は、普及にとってより重要な因子である。
現職教員研修による教師変容モデル（Guskey, 2002）
• 教師は教室で使えるアイディアを求めて研修に参加する。 • 効果があるとわかっていても、新しいアイディアを試みるのは失敗のリスクが伴うため、教師は試行を躊躇する。 • 教師にとって授業行動を変えるということは困難なプロセスである。 • 研修の内容とともに、研修後の学校・教室レベルでの支援が重要である。 • 試行して生徒に成果があったと教師が感じた時、イノベーションへの信念が変わる。

上記の理論・モデルの考察を通して、MSSIの4つの問題点を整理しまとめ

ると、次のようになる。

(1)「経験提供型移転」モデルによる授業研究移転

政策移転には「借用」と「貸与」とがあり、移転の主体性が異なる。授業研究は、通常の国際協力プロジェクトでは貸与という形で移転される。MSSIは「経験提供型移転」モデル、つまり貸与によって授業研究の移転を目指した。「借用」はその行為主体によって意識的、目的的に移転されるのに対し、「貸与」の場合、移転先の主体性、オーナーシップが弱い。そのため、授業研究の必要性や有用性の認識は低いと推測される。

MSSIの「経験提供型移転」モデルは、授業研究は優れたものであるから必ず受け入れられると考えていた。移転しようとするものが良いものならば移転は必ず成功するという考え方は、移転の誘因としての文脈を軽視しているといわざるをえない。基礎学力を向上させるという政策目標は承認されていても、授業研究がそれとどう結びつくのかが不明であり、授業研究という学校文化がないところでの移転は容易ではない。いま重要なことは、授業研究は貸与ではなく「借用」するものであるという意識の転換である。それを実現するのは、研修において授業研究の意味と重要性をまず研修員が実感することから始まる。

MSSIの授業研究移転は所期の成果を挙げることが出来なかった。その大きな要因は、南アフリカの教育現実を十分に踏まえることなく、理想論的な経験提供型移転モデルに依拠したことであろう。

(2) グループ活動としての授業研究観

イノベーションは、その相対的優位性、両立可能性、試行可能性、観察可能性、複雑性という5つの因子についてユーザーがどう知覚するかが、普及に影響する。授業研究はソフトウエア・イノベーションであるが、南アフリカの教員にとって理想のイノベーションとしてすぐに知覚されるものではない。ただ、移転のさせ方によって知覚属性は変化し採用速度は速まる。

「MSSIによる学校ベース研修への参加を機に教員同士のグループ活動が行われるようになり、授業のレベル向上につながっている」(黒田ほか, 2005, p.189) と述べられているが、授業研究を「教師同士のグループ活動」と捉えるのは、「相対的に複雑で理解するのが難しいイノベーション（授業研究）はイノベーションの単純化あるいは誤解によって、変更、修正されやすい」ということを物語っている。

授業研究の本質は「批判的に省察する」（critical reflection）ことによって授業実践の質を高めていくことである。教師の変容モデルも示すように、授業研究を校内研修として定着させるためには、授業検討会における共同省察が具体的・実践的な授業改善のアイディアを創出できるかどうか、が重要になる。そのためには、授業検討会での共同省察のあり方、共同省察で出された意見が実際に授業で試行されるための支援のあり方が問われてくる。

MSSIは「グループ活動としての授業研究」を学校に一部伝えたが、「授業省察力」を高めるという授業研究の本質移転ができなかった。

⑶　校内研修制度の構築をCIに託す

教師の変容モデルによると、試行して生徒に成果があったと教師が感じた時、イノベーションへの信念が変わる、とされる。授業研究についての研修は授業実践・検討会という試行が学校において実施されて意味を持つ。教師にとって授業行動を変えるということは困難なプロセスであり、一朝一夕に実現できるものではない。授業研究をいわば学校文化として根付かせることが必要となるが、良いものであるからといって、「学校ベースの自主的な現職教員研修」（校内研修）がすぐに行われる訳ではない。MSSIはCIに校内研修の慣行化を支援することを期待した。しかし、CIは研修の内容については責任を負うが、CIには校内研修の実施を学校に指導する権限はない。学校において研修を実施し、学校・教室レベルでの支援を継続的に行う教育行政的な制度の整備が必要なのである。

MSSIは校内研修制度の整備をCIに託し学校の自主的な努力に期待したが、教育行政の制度的なバックアップがない限り、それは空論に終わってしまう。

⑷　カスケード方式

「教育移転のスペクトラム」においては、日本の技術協力プロジェクトは一般に「3　制約下における協議」に位置づけられる。ここでは、政策を貸し出す側と借りる側の力関係が拮抗しているように見えるが、現実は借り手（途上国）よりも貸し手（ドナー国、国際機関）の力が上回っている。貸し手の側が政策（授業研究移転）を限られた期間において広く普及を図ろうとすれば、勢い上意下達的なカスケード方式を採用することになる。

授業研究はソフトウエア・イノベーションであるが、あくまでも利用者（教師）がイノベーションを優位とみなすかどうかが肝心である。授業研究は一見単純に見えるが、イノベーションの知覚属性から見ると「複雑性」の度合いは高く、未経験の教師にとって「相対的優位性」は低い。教師の変容モデルでいう「研修・実践（授業と検討会）・生徒の変容」というプロセスを経てはじめて、イノベーションとしての授業研究の意味が実感される。

MSSIが、複雑性をもった授業研究をカスケード方式で学校まで伝えようとしたのは事業設計のミスであった。授業研究の普及・定着のためには授業実践・検討会を出発点として学校・教室レベルでの継続的な研修支援が重要である。

5　研究の分析枠組みと研究課題の設定

以上のことを踏まえ、研究の分析枠組みと研究課題を表示すると次のようになる（表1-7）。

表1-7　研究の分析枠組み

<table>
<tr><th rowspan="2"></th><th rowspan="2">MSSIによる移転論</th><th rowspan="2" colspan="2">MSSIの問題点</th><th colspan="3">分析の視点</th></tr>
<tr><th>政策移転論</th><th>イノベーション理論</th><th>教師変容モデル</th></tr>
<tr><td rowspan="3">①</td><td>移転の基本設計</td><td colspan="2">「経験提供型」移転モデル</td><td>◎</td><td></td><td></td></tr>
<tr><td rowspan="2">移転の方略</td><td colspan="2">CIへの過剰期待</td><td rowspan="2"></td><td rowspan="2">◎</td><td rowspan="2"></td></tr>
<tr><td colspan="2">カスケード方式</td></tr>
<tr><td rowspan="2"></td><td rowspan="2">移転の内容</td><td rowspan="2">グループ活動としての授業研究</td><td>授業研究観②</td><td rowspan="2"></td><td rowspan="2">○</td><td rowspan="2">◎</td></tr>
<tr><td>C Iの役割③</td></tr>
</table>

注：①研究課題1　②研究課題2　③研究課題3
◎は特に主要な分析視点、○は関連する分析視点　（筆者作成）

研究課題

研究課題1：授業研究を校内研修として位置づけ、継続させるには、授業研究に対する行政の意識変革と行政的な条件整備が不可欠であることを明らかにする。(第2章で検証)

研究課題2：授業研究を通して授業実践力が向上することを定量的・定性的分析によって考察し、「省察力を高める」授業研究の構成要素を明らかにする。(第3章で検証)

研究課題3：授業研究には授業研究支援者の存在は不可欠であり、その役割を担うのは南アフリカにおいては教科指導主事である。研修によって教科指導主事の「授業省察力」が高まることを実証的に明らかにする。(第4章で検証)

注

5 第2フェーズ(2003-2006)では、近隣の学校を集めたクラスター(学校群)を作り、第1フェーズの教科主任研修に代わって、クラスター・リーダー(CL)研修を実施した。

6 また「算数教育政策アドバイザー派遣」による南アフリカ教育支援は2012年以来継続して実施されているが、コロナ禍での遠隔業務期間、本研究の主旨(授業研究の移転)に鑑み、2019年までとした。

7 教科指導主事を意味する(CI)はムプマランガ州でのみ使用。MSSI終了後、subject advisorに改称され現在に至る。

第2章 MSSIと南アフリカの現職教員研修政策

研究課題1：授業研究を校内研修として位置づけ、継続させるには、授業研究に対する行政の意識変革と行政的な条件整備が不可欠であることを明らかにする。

課題を考察するための資料として、MSSI短期専門家報告書、本邦研修プログラム、MSSI終了時評価等の文献を用いる。授業研究移転のプロセスを後期との比較も踏まえつつ分析し、同時に受け入れ側である南アフリカの教育行政の実情と変化を検討する。

第1節　MSSI実施前後のカリキュラム改革と学校現実

1　新カリキュラムの導入

民主化後の南アフリカでは、大きく二つの理由から教員の現職研修が必要であった。1つは無資格者・低資格者への資格付与のための研修（White paper on Reconstruction and Development, 1994)、もう1つは新カリキュラム導入・普及のためである（JICA, 1995, 1996)。特に1998年から導入された“outcomes-based education”理論（OBE）に基づく新カリキュラム（C2005）は、従来の教科の枠組みを取り外し、新たに8つの学習領域を設定した。すべての学習領域共通の成果目標とそれぞれの学習に固有の成果目標、評価方法などが細かく決められた。その枠組みの中で教師は学習内容と範囲を自由に計画できるとし、学習の支援者（facilitator for learning）として教師を位置づけた（Fiske & Ladd, 2004, pp.159-160)。それは以下のように整理できる（表2-1)。

表 2-1　教師によるC 2005 の解釈

古いパラダイム	C2005 パラダイム	教師の解釈
教師がすべての知識を有している	学習者は知識を有しており、学ぶ力を持つ	教師には知識は必要ない
教えることは子どもに知識を与える行為、方法のことである	教えることは学習経験を提供することであり、学習者を導き、支援し、ファシリテートすること	教師はアクティブに教える必要はない、生徒が学ぶのを助ける、授業の必要はない
学習は内容を暗記することである	学習とは学習者の知識を開発すること	学習者には何も暗記させてはいけない
内容は教科別	内容は横断型カリキュラムとして統合	教科知識を教えてはいけない
きっちり定められた内容を有する教科書を使用する	多様な学習教材を使用、興味関心に応じたものを選択、開発	教科書、OBE 以前の教材は使用してはいけない、学習者が興味関心のあるものだけ、ハンズオン教材から学ぶ

(Nykirl-Herbert, 2004, pp. 255-256)

新カリキュラム導入に関わっては、政府もカスケード型の導入研修を実施していたが、準備不足は否めなかった (Jansen, 2004)。従来と全く異なる考え方を十分に理解しないトレーナーも少なくなく、口頭での説明に終始しているという強い批判が出されていた (Fiske & Ladd, 2004)。その結果、学校現場の教師は自分の解釈したC2005/OBE を実践することになった (Nykirl-Herbert, 2004)。もちろん、CI も独自の C2005/OBE 解釈をしていた。

2　学校の現実

新カリキュラムでは学習者中心、生活との結びつきも重視された。こうしたカリキュラム改革が導入される地方の学校の現状はどのようなものだっただろうか。1996 年にムプマランガ州の学校を調査した報告書が伝える学校の現状は次のように要約できる。

ファームスクール (farm school) は「最貧困層の児童教育に資する南アフリカにおいて最も貧しく教育資源に乏しい学校」である。ムプマランガ州では約50～60%がファームスクールと言われていた。地域格差が大きく、農村部では水も電気もない学校も多い。初等学校には実験室はなく、まったく機材を持たないファームスクールと実験機材パッケージを持つ学校がある。実験機材パッケージを持っている学校でもそれが活用された形跡がほとんどない。中等学校の約半数には実験室があるが、水、電気がないことも多い。中等学校でもグループ単位で実験をすることが原則であるが機材が不十分で実施可能な学校はない。教室は初等学校では40人、中等学校では35人を標準として設計されているものの、実際には1クラス平均60人程度在籍している。そうした学校では、授業は黒板と講義を媒体とし、児童生徒はノートにそれを書き写すことで記憶に留める。授業内容を理解し、応用し発展させることが学習であるとすれば、一斉授業のみでは限界がある。しかし、この密度では一斉授業以外は実際には不可能で工夫を凝らす余地がない。

(JICA, 1996, pp. I-57-I-88)

調査団はこのような学校現場の現実を踏まえて、「マンデラ政権の改革政策があまりにも理想論に傾き、現実的配慮に乏しく、現実との乖離状態に陥る」ことを懸念した。新カリキュラムも現実を無視した理想論と批判されたが(Jansen, 1999)、MSSIは授業研究を中核とする校内研修制度によって「教員の指導力向上」と「新カリキュラム導入」のための再訓練を担うことになった。

第2節　MSSIの実施体制

MSSIは表2-2に示すように、ムプマランガ州教育省(MDE)をプロジェクトの所有主体(オーナー)として、MDE、プレトリア大学、JICAの三者が対等なパートナーとして実施にかかわる正式合意文書に署名して実施されたJICA技術協力プロジェクトである。JICAとプレトリア大学はそれぞれのリソースを持ち寄って目標の実現に協力するとされた。MDEの実質的なカウンターパートはカリキュラム局である。プレトリア大学(UP)は科学教育センター(Science Education Center)が協力の中心であった。

表 2-2　事業関連主体と役割

MSSI 実施関連 3 主体	主要な役割
ムプマランガ州教育省（MDE）	事業発起・所有主体
JICA	資金的・技術的支援の提供主体
プレトリア大学	技術的・助言的支援の提供主体

（JICA, 1999, p.8）

日本側の実施体制は、JICA から業務調整役として現地に派遣され、現地に駐在する長期専門家 1 名のほか、広島大学、鳴門教育大学から教員が参加し、毎年 3 回、2 週間程度の短期出張を繰り返し、業務にあたった（表 2-3）。鳴門教育大学においては、数学、理科それぞれのコースにプロジェクト担当教員を置き、毎回の研修テーマその他によって派遣する教員を持ち回りで決めていた。現地駐在の長期専門家はプロジェクト期間中に計 3 名が着任したが、初代専門家を除いて理数科あるいは教育の専門家ではない。理数科教育プロジェクトにおいて理数科の専門家が長期に現地に駐在しない事例は珍しいといえよう。

表 2-3　JICA プロジェクト・メンバー

<table>
<tr><th>所属</th><th>呼称</th><th>担当分野</th><th>具体的活動</th></tr>
<tr><td>JICA 派遣</td><td>長期専門家</td><td>業務調整</td><td>現地駐在・MDE,UP との調整</td></tr>
<tr><td>広島大学</td><td>短期専門家</td><td>プロジェクト・リーダー</td><td>年 3 回現地ワークショップ、合同会議においてプロジェクト進捗協議</td></tr>
<tr><td rowspan="3">鳴門教育大学</td><td>短期専門家</td><td>数学教育</td><td rowspan="2">本邦研修のほか、年 3 回の現地ワークショップでの指導助言</td></tr>
<tr><td>短期専門家</td><td>理科教育</td></tr>
<tr><td>短期専門家（小野由美子）</td><td>ファシリテーター／授業評価</td><td>本邦研修では研修全体の調整、年 3 回の現地ワークショップでの指導助言</td></tr>
</table>

（筆者作成）

MSSI プロジェクトの実施期間中（1999-2006）に現地に派遣された JICA 短期専門家が MSSI の活動の一環としてなんらかの調査を実施する際には、その目的を MDE に伝え、担当者の了解を得て実施した。また、JICA 短期専門家が学校訪問、授業見学を希望する場合も同様に、事前に MDE に希望を伝え、MDE は CI を通じて事前に校長、HOD 等から許可を得て行われた。

こうして得られた情報は派遣短期専門家報告書に記載されたが、執筆者は個人が不利益を被らないよう、また個人を特定できないよう配慮した。また、派遣のたびにJICAに提出する「派遣短期専門家報告書」のうち、「要約：成果・課題・提案」の部分は“Executive summary：Achievements, Challenges, and Proposals”として英訳され、MDE, プレトリア大学の関係者と共有が図られた。

第3節　MSSIのカスケード方式による授業研究移転

1　MSSIの基本設計

MSSIでは図2-1が示すようなカスケード型のプロジェクト設計であった。1999年から、カスケードの最上流にある本邦研修において、CIが次年度の研修計画を策定するため、貸与による経験提供が行われた。図2-1は授業研究を学校における研修へと移転するMSSIの設計図である。

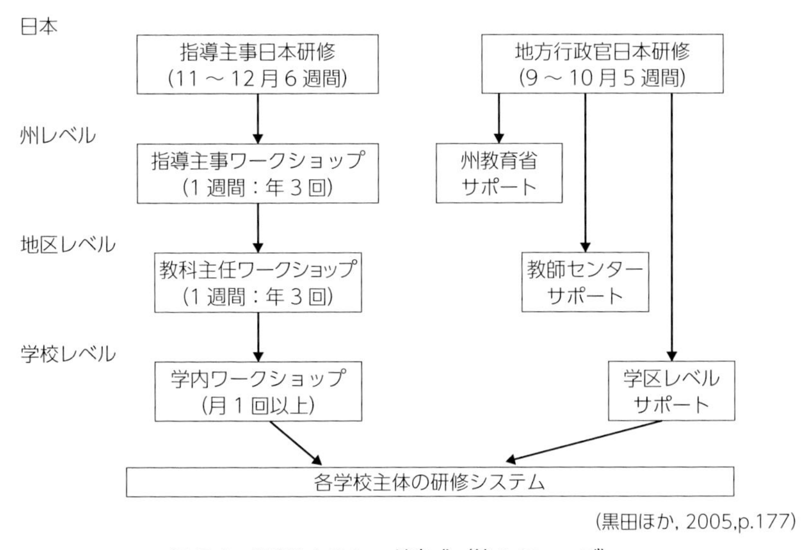

(黒田ほか, 2005,p.177)

図2-1　MSSIカスケード方式（第1フェーズ）

州教育省カリキュラム局担当者は、新カリキュラムの考え方、教え方の効率的な伝達研修としてカスケード型研修に関心を持っていたが、校内研修制度を根付かせる、授業研究をすることにどれだけ熱心だったのか、先行研究からは不明である。MSSI 第 1 フェーズは校内研修制度に対する州教育行政責任者からの明確な支持メッセージのないまま、制度の実施、定着を、CI、HOD（教科主任）の研修実施能力と、校長の理解と支持にゆだねていた。JICA 終了時評価(2003a) は「既存知識・経験の共有による改善や日々の反省に基づく活動の改善」については、CI レベルでとどまっており、学校においてそれらの効果が発現しているのはプロジェクト開始直後から参加した学校の一部にとどまっている、と指摘した。表 2-4 は、第 1 フェーズと第 2 フェーズの研修対象者を対比させたものである。

表 2-4　MSSI 第 1 及び第 2 フェーズの研修対象者

	第 1 フェーズ（1999-2003）	第 2 フェーズ（2003-2006）
本邦研修（5-6 週間）	理数科指導主事（CI）	理数科指導主事・クラスターリーダー教員（CI/CL）
州 Province	MSSI：全 CI ワークショップ	MSSI:全 CI ワークショップ
地域 Region		MSSI：CL ワークショップ
地区 District	MSSI:HOD ワークショップ	
サーキット Circuit		定期的クラスター活動
学校 School	定期的校内自主研修（授業研究）	定期的校内自主研修（授業研究）

（筆者作成）

第 1 フェーズでは、本邦研修→全理数科指導主事（CI）ワークショップ→全理数科教科主任（HOD）ワークショップ（表内実線部分）までは職場を離れてのカスケード型集合ワークショップであった。第 2 フェーズでは、近隣の学校を集めたクラスター（学校群）を作り、第 1 フェーズの教科主任研修に代わって、クラスター・リーダー（CL）研修を実施した。CL は教科主任である必要はなく、学校群を代表するとともに研修成果を各学校に広める役割を期待された教員である。クラスターもまた研修内容を学校に伝えるというカスケードの一部を構成していた（小野, 2021b）。

カスケード型研修の部分は州教育省主催の年 3 回の定期的ワークショップとして参加が義務付けられていたのに対し、学校での研修は自主的研修としての位置づけであり、HOD や管理職の裁量、意向に依存していた。しかし、校内自主研修が具体的にどのような活動を指すのかはプロジェクト詳細計画の報告書には書かれていない（JICA, 1999）。

2　MSSIの展開

(1)　授業研究移転の端緒：日本人現職教員による研究授業（南アフリカ）

MSSIでの授業研究の移転は、2000年9月の第3回CIワークショップにおいて日本人現職教員による研究授業とその後の授業検討会の実施が端緒である。授業は8年生を対象とした土壌のろ過作用に関するもので、グループで実験を行い、議論して予想を立て、結果を見てさらに議論するというグループ学習を全面的に取り入れたものであった。授業者は土壌のろ過には物理的なろ過と化学的なろ過があることに気が付かせ、日常生活と結びつけさせようとした（長尾ほか, 2000, p.20）。細かい指示や生徒の反応の聞き取りなどは通訳を介して行われたため、まとめに十分な時間を割くことができなかったという反省（授業者）が聞かれたが、「実験の予想や考察は十分に深めることができ、成果が上がったと判断された」（長尾ほか, 2000, p.12）。この研究授業のインパクトは大きく、CIワークショップに続くHODワークショップでは理科のCIがワークショップ会場近くの中学校で研究授業を行い、HODとともに授業内容と授業研究の方法について検討した（長尾ほか, 2000, p.6）。数学では研究授業は行われなかったが、数学CIも研究授業実施に関心を示したことが報告されている。

同報告書は、授業を中心とした研修（授業研究）にCIやHODがもっと関心を持つことに期待を示しつつ、その難しさについても暗示している。

> CIたちは、CIワークショップでいろんな知識を習得しようとしているのはよく理解できる。しかし、現実にはUPやJPから得た知識をHODに向けて教えることに終始しているように見える。このプロジェクトの目的から考えると、学校現場に近くなるほど授業を意識したものでなければならないはずである。そうしないと、HODから現場へ教材やその教材の背景が下りていかないように思う。….ワークショップで行なった地学プロパーの研修を見ていると、CIたちの地学的素養のなさがあまりにも歴然としている。
>
> （長尾ほか, 2000,p.13）

⑵ 授業研究サイクルの体験：南アフリカ理数科教員養成者（CI）研修（本邦研修）

授業研究への関心を引き継いで、2000年11月に実施された本邦研修では授業研究のセッションを設けている。この研修に参加したCIは教材研究に始まる授業研究のサイクルを初めて体験することになった。

本邦研修の受け入れ期間は6週間、うち技術研修期間は2000年11月6日から12月8日まで5週間である。研修コース実施要領に掲げられたコースの目的、到達目標を表2-5に示す。

表2-5　南アフリカ理数科教員養成者（CI）研修

1．コースの目的	
南アフリカ共和国ムプマランガ州における現職中等理数科教員の研修計画を策定する。	
2．到達目標	
2.1	日本の教育分野における経験や現状等について理解する。
2.1.1	日本の教育制度（歴史及び現状）について理解する。
2.1.2	カリキュラム開発・改善に関する日本の経験について理解する。
2.1.3	現職教員研修制度の仕組み及び実践内容について理解する。
2.2	上記1）を参考にムプマランガ州における現職教員研修計画を策定する。
2.2.1	現職中等理数科教員研修の年間計画を策定する。
2.2.2	現職中等理数科教員研修の実施体制を検討する。
2.2.3	現職中等理数科教員研修の実施内容を明確にする。
2.2.4	現職中等理数科教員研修で使用するトレーニング・モジュールを作成する。

（JICA中国国際センターほか, 2000, p.3）

研修後半の3週間は鳴門教育大学において研修が行われている。鳴門での研修はCIが帰国後、翌年、すなわち2001年度に実施する3回分の研修テキストを作成すること（2.2.3、2.2.4）が主たる目標である。理科グループの研修内容の内訳は表2-6のとおりである。

表 2-6　2000 年度本邦研修時間配分

研修内容	配分時間
教科内容にかかわる研修	32.5 h
南アフリカ・日本の授業の比較分析	3.5 h
授業見学＋授業研究会	6 h
CI による研究授業・授業検討会	4 h
教員センター訪問実習	3 h
ベースラインサーベイ分析	1.5 h
トレーニング・モジュール執筆	18.5 h

（実施要領をもとに筆者作成）

2000 年度の本邦研修には実践経験豊富なプレトリア大学の理科専門家 T 講師をカウンターパートとして研修に参加させている。理科グループは「燃焼」をテーマに教材研究、授業案作成、模擬授業、授業案書き直し、研究授業、授業検討会という一連の授業研究の流れを体験することができた。T 講師の支援を得て、授業は南アフリカの OBE スタイルにのっとった授業計画で、生徒の反応も良かった。その後、日本側専門家と T 講師によって授業研究導入を見据えて授業観察ツールが開発され、2001 年度第 2 回地区レベル・ワークショップで紹介された。

⑶　プロジェクトの拡大と学校での授業研究：2001 ～ 2002 年：CI による HOD ワークショップ

プロジェクトの実質 2 年目は、報告書によれば「プロジェクト確立期から拡大期」へと移行した。参加地区が新旧地区計 8 地区となり、参加対象校も 137 校と大幅に拡大した。HOD ワークショップは初年度参加地区を支援するため、1 週ずつずらして開催され、並行して旧 4 地区の CI による HOD ワークショップも同時開催された。専門家の派遣期間も 6 週間余と長期にわたり、プロジェクトの運営は量的な拡大とともに複雑、煩雑になっている。2 年次の課題は全州的な教員研修制度、とりわけ授業を核とした校内研修活動を拡大させることとモニタリングの稼動であった（服部ほか, 2001, p.4）。

2001年度第1回HODワークショップでは、全地区でMSSIの教材を用いた授業案作成、参加教員による模擬授業、授業検討会というセッションが実施された。特に初年度から参加している旧4地区のうち2地区では、ワークショップ会場の近くの学校を借りて、参加教員による研究授業と授業検討会を実施している（服部ほか, 2001, p.11）。こうした授業中心のワークショップ形態は日本側が目指していたものであり、「授業を共同で計画し、それを相互に評価し合うことによって授業改善を行うというモデルがHODワークショップで定着しつつある」（服部ほか, 2001, p.5）と報告書は高く評価した。

3　MSSI（第1フェーズ）の評価

⑴　学校に広がらなかった授業研究

プロジェクト3年目の2002年2月にMSSI参加校を訪問した日本人専門家は校内自主研修活動についての聞き取りを行っている。それによると、話し合いの内容は年間指導計画や単元計画の作成、教科内容の授業進捗状況確認、新しい教科書の使用方法の議論、試験内容の検討など学校により様々であったが、授業についての議論はほとんどなかった（長尾ほか, 2002, p.21）。専門家は、授業後の反省会（授業検討会）において授業の表面的な内容の議論にとどまり議論が深まらない学校があったのは、授業についての議論がなされていたとしても、個人的にも集団的にも授業を振り返る機会を十分に持っていないためであろうと推測している（長尾ほか, 2002, p.21）。授業を省察の対象にするという経験を持たない教師は、授業の何を、どう省察するのか体験的に学ぶ必要があり、プロジェクトとして技術支援すべき側面であることを示唆する。

2002年9月には日本人専門家がMSSIに参加したHOD（6人）による授業を参観し、校内自主研修の聞き取り調査を行っている。報告書によると、少なくとも訪問した学校ではHODワークショップの後、理数科教員が集まってワークショップの内容を中心に研修を行っていた（丸林ほか, 2002）。HODへのインタビューでは、MSSIで取り上げた教材が実際の授業で役に立っていること、ワークショップで得た知識によって自信をもって授業に臨めたという肯定的なMSSI評価が聞かれた。またMSSIワークショップの資料をすべてファイルし、授業に活用しているHODもいたという（丸林ほか, 2002, p.4）。この記述は

Guskey (2002) の言うように、教師が日々の実践に役立つ具体的で実践的なアイディアを求めており、MSSIの研修教材はその期待に応えうるものであったことを示している。そのことは、研修教材を活用してどのように生徒の理解を高めるかという視点で、授業研究が可能なことも示唆しているが、教材が他の教員と共有されたかどうかは不明である。

(2)　CIに対する過度の期待

教室レベルの技術的支援－授業を参観し、観察に基づいて教授法について具体的、実践的にアドバイスをする－を誰が、どう行うかということは、プロジェクト2年目 (2000-2001) の早い時点で課題として認識されていた (服部ほか, 2001)。第2回ワークショップでは「CIが最低週1日をMSSI学校ベースINSET (現職教員研修) 支援に向けること」に合意し、さらに、「各地区で週1日、曜日を決めて、学校ベースINSET活動の日とすること」を州教育省に提案することを決めている (長尾ほか, 2001, p.5)。この合意事項に強制力はなく、その後の過程でなし崩し的に無視されていった。たとえば、この合意のすぐ後の四半期報告 (2001.6～9) では、各地区2名のCIが16週間に学校訪問した回数は最低0回、最高32回である。8地区中6地区は0回から7回であり、1か月に1人のCIが訪問した学校は1回に満たない地区が大部分であった。確かに、CIの中には学校訪問を厭うものもいたが、CIだけの責任とは言えない部分もあった。教育省や地区長はCIの主たる任務を教科のスペシャリストとしてではなく、行政の一端にしか位置づけていないこと、学校間の距離が遠すぎて、管区内の対象校をなかなかカバーできないこと、突然に他の業務命令が下りてくることが多いこと、などである。

4　MSSIの第1フェーズ・第2フェーズの最終評価

第1フェーズ終了時のMSSI評価 (2002年7月実施) は好意的なものであった。すなわち、「既存知識・経験の共有による改善や日々の反省に基づく活動の改善」については、CIレベルでとどまっており、学校においてそれらの効果が発現しているのはプロジェクト開始直後から参加した学校の一部にとどまっている。そもそも、全州の中学校に学校ベースの現職教員研修制度を確立するという目標を3年間で達成するというのは「野心的」に過ぎ、達成されていないが、「学校ベースの現職教員研修のイメージを高め、確実に基礎が築かれつつある」(JICA, 2003a; 下線部筆者) とした。

それを受けて2003年からスタートした第2フェーズでは、対象を州内の全中学・高校に拡大しクラスター制度を活用して授業研究の普及を図ろうとした。対象学年は第1フェーズの中学校(GET:数学・自然科学)に加えて、高校(FET:数学・物理科学・生物・農業科学) が新たに加わった。日本側の支援は中学校から高校に移り、中学校の支援はUPに任された。

2006年のプロジェクト終了時評価は次のように6年間の成果を総括した。

> クラスターワークショップは地区ごとに定期的 (年 2-3 回) に実施されている。クラスターワークショップに参加したクラスター・リーダーが運営するクラスター研修も年平均 4-5 回の頻度で実施されている。一方、校内研修は、一部で実施されているものの、州全体に普及されているとは言えない。なお、クラスター研修は高校 (FET) では活発に実施されているが、中学校 (GET) における実施状況は低調となっている。
>
> クラスター研修の活動は、授業の質向上につながる技術的な内容ではなく、試験対策などの管理業務が中心となっており、研修の質の面で課題が残っている。 (JICA, 2006; 下線部筆者)

第4節　州教育省の教員研修理解とMSSIが残した課題

MSSIが実施された時期に州教育省の教員研修理解はどのようなものであったか、そして後期においては授業研究に対する考え方にどのような変化が生じ、前期の反省がどう生かされて新たな展望が開かれようとしているのだろうか。

1　州教育省の教員研修理解

MSSIの期間中、校内研修として授業研究を普及させることはできなかった。MSSIが学校レベルで授業研究の支援をするよう設計されていなかったことが最大の要因であるが、南アフリカ側の現職教員研修の理解、取り組みには問題はなかったのだろうか。

⑴ 「カスケード型」現職教員研修観

MSSI は授業研究移転においてカスケード型モデルに依っていたが、国や州の教育省においても研修はカスケード方式によるものと考えられていた。

ムプマランガ州教育省（カリキュラム局）が新カリキュラム導入研修として現職教員研修は必要と考えていたことは間違いない。だが、現職教員研修制度が必要と考えていたかどうか、現職教員研修の一形態として、学校ベースの現職教員研修（校内研修）を本当に重要なもの、必要なものとして理解していたのか疑問である。

カリキュラムにかかわる研修を担当する CI の理数科教育知識を強化したいというのは、プロジェクト開始当初から州教育省カリキュラム局の強い意向であった。州教育省カリキュラム局にとって MSSI で優先すべきは CI の能力強化であるという立場は一貫しており、第 2 フェーズで日本側が提案した「クラスター・リーダーを本邦研修に参加させること」に対して、強く反発したのも州教育省カリキュラム局であった。多くの CI や教師にとって－おそらくは州教育省にとっても－、研修とは権威のある人から知識を与えてもらうことであった。州教育省や CI にとって、本邦研修に参加した CL が帰国後、CI 研修や CL 研修で講師として経験を共有する、あるいはセッションを担当する、ということは受け入れがたいことであった。第 2 フェーズで本邦研修に参加した CL が帰国後ワークショップで活用されることはまれであった。

イノベーション普及理論の知覚属性から見ると、州教育省にとって、イノベーション（学校ベースの現職教員研修としての授業研究）は、彼らの知る旧来の現職教員研修と比べて「相対的優位性」が「低」く、彼らの価値観と両立する可能性は「低」い。MSSI はカスケード方式で授業研究を普及させようとしたが、CI と一部の教師を対象とした学外の集合研修であるため、一般の教員がイノベーションを観察する可能性もまた「低」い。

⑵ 校内研修制度の未確立

授業研究を実施する枠組みとしての校内研修制度を移転するという課題は、CI の職務と、MSSI が推進しようとした継続的な現職教員研修制度としての校内研修の関係がネックであった。プロジェクト概要で述べたように、MSSI では図 2-1 (p.41) のカスケードの最下流に位置する学校で校内研修制度が定着することを目的としたが、校内研修制度の定着を CI、HOD の研修実施能力と、校長の理解と支持にゆだねている。C2005 という新カリキュラム導入に際しては、CI は新カリキュラム導入のための研修実施に責任を負っていた。MSSI 研修も新カリキュラム導入のための教員の再訓練という意味で、CI は研修の責任を負う。しかし、結論から言うと、地区教育事務所に属する CI は州教育省カリキュラム局のラインであり、カリキュラムに係る研修を行うが、現職教員研修として校内研修を定着させることは職務には含まれない。

CI の通常業務の一環として、カリキュラムが教室でどのように実施されているかを確認し指導するために、学校訪問することは職務に明示されている (DBE, 2006)。だが、学校訪問をして校内研修が実施されていないことを知ったとしても、CI は校長を指導する立場にはない。CI に校内研修の実施・推進を求めたのは確かに MSSI の設計ミスである。

しかし、問題は MSSI にだけあったという訳ではない。第 1 フェーズ終了時外部評価 (Ofir, 2002) は次のように言う。校内研修を推進するためには「校長は学校としての校内研修方針を文書で定めるべきである。州教育省の現職教員政策がないため、MSSI がどのように位置づけられるのか不明であり、州教育省としての MSSI のオーナーシップが見えない」と課題を指摘したのである (Ofir, 2002, pp.62-65)。

また、MSSI 報告書では、日本人専門家は日本の研究開発学校制度のように、実践重点校を導入することも提案している (服部ほか, 2001)。CI や日本人専門家のインプットを集中させ、モデル校を育成する、という提案である。第 2 フェーズ開始前の話し合いでも、リーディング・クラスターとして、やる気のあるクラスターを育てる提案がされたが、いずれも教育省側は不公正観を生むとして難色を示し、実現していない。

学校において授業研究を普及・定着させていくためには、それを制度的に保証する行政的な支援が不可欠なのである。

２　MSSIの成果と残された課題

授業研究移転をめざしMSSIが実施した「日本人現職教員による研究授業」「授業研究サイクルの体験（本邦研修）」は研修員に授業実践や授業観にインパクトを与えるものであり授業研究の意義を知らしめるものであった。もちろんそこで提示された授業研究モデルが完成されたものではなく、提示されたモデルの質は改善されていく必要があることは言うまでもない。しかし、問題は研修者にとっては意義あると理解された授業研究が「校内研修」として受け入れられ広がらなかったということである。

何故か。上述してきたように、それはまず授業研究移転のさせ方としての「カスケード方式」にある。さらには本来授業研究のファシリテーターであるCIに校内研修制度の確立者としての役割を期待し、校長もまたそれを支持するであろうという現実を無視した理想論ないし楽観論である。加えて州教育当局の授業研究に対する関心度も低く、校内研修制度を行政的に整備するという意識にも欠けていた。

以下第５節において、こうした諸課題を見据え「後期」の変化・発展について考察する。

第５節　現職教員政策としての校内研修制度の確立に向けて

MSSIには達成できなかった「校内研修制度を定着させ、授業研究を継続的に実施する」という目標の実現に向かって、後期にはどのような変化が生じたのか、またMSSIの反省も踏まえどのような移転方式を採用したのか。校内研修制度を確立する上で、それらのもつ意義を確認しておきたい。

１　イノベーションとしての校内研修の認知

南アフリカが国としての教員政策の枠組みを打ち出したのは、MSSIが終了した2006年であった。「南アフリカ教師教育および開発のための国家政策枠組み」（The National Policy Framework for Teacher Education and Development in South Africa, 2006）には、校内研修に関して次のような重要な記述がみられる。

> 7. この政策は、教師が質の高い教育システムの不可欠な推進者であるという信念に支えられている。国際的な証拠によれば、教師の専門的教育と能力開発は、教師自身が自らの実践を振り返りながら積極的に関与し、強力な学校を基盤とした要素があり、活動が適切に調整されている場合に、最も効果的であることが分かっている。国や州の教育部門は、このような教員の準備と育成を可能にする環境を提供する義務を負っている。しかし、教師自身の責任として、専門機関である南アフリカ教育者評議会 (South African Council for Educators: SACE) の指導のもと、専門的に成長したい分野を特定することによって自己啓発を行い、統合的質管理システム (Integrated Quality Management System: IQMS) に規定されているように、この目的のために利用できるすべての機会を活用しなければならない。 (DOE, 2006, p.5)

この政策文書は、教員の現職研修には自主研修と校内研修があることを明示的に示しており、校内研修は「教師自身が主体」となって、「教師による授業実践の振り返り」を、「強力な学校ベースの活動」として行う時に最も効果的であることが研究で実証されている、と指摘する。そして、国や州の教育行政はそのための環境を提供する義務を負うことも明言されている。「国際的な証拠によれば」とあるように、政策文書は校内研修を教師の専門的能力開発のためのイノベーションと捉え、教員研修における「相対的優位性」や「試行可能性」を認知しているといってよい。ただ、校内研修の具体的な形として「授業研究」が認知されるにはもう少し時間が必要であった。

文中にあるIQMSは「評価」を通して、教師の力量、学校のアカウンタビリティを高めようとする政策で、2003年に導入されている。IQMSは、教員個人の能力開発のための評価 (Developmental Appraisal：DA)、教員個人の昇給などに関係する実績評価 (Performance Measurement: PM) 及び学校運営を自己評価する総合的学校評価 (Whole School Evaluation: WSE) の3つのコンポーネントから構成されている。

政策文書にある通り、のちに開発される継続的職能開発研修 (Continuous Professional Teacher Development: CPTD) システムと連携することで、教師の自主性に基づく継続的現職教員研修制度となるはずであった (詳細は小野・近森, 2018参照のこと)。この政策もまた、関係者への説明や準備が十分ではなく、IQMSの活用によって最も恩恵を受けるべき学校－地方の貧しい農村地帯の学校－にとっては複雑難解で、教師は実施、活用が難しいと感じている（Center for Development and Enterprise, 2015: Chetty, 2013; Mbalati, 2010; Mthembu, 2017; Rabichund & Steyn, 2014）。

政策文書の骨子は、教師自らが授業実践を核として研修を深めること、教育行政はそのための環境整備に義務を負うこと、ただし研修成果・実績に関してはアカウンタビリティが求められるというものである。南アフリカの実態を踏まえればこうした政策が短時日で実現できるとは思われないが、行政の校内研修への関心や期待はMSSIが開始された時と比べればはるかに前進していることが窺い知れる。

[2] カスケード型研修からパイロット校方式へ

JICA の後期支援は2012年に始まる。JICAは、2012年から中央の基礎教育省（DBE）カリキュラム政策・モニタリング局をカウンターパートとし、初等算数政策アドバイザーを派遣した。支援内容の概要を表2-7で示す。

表2-7　JICA南アフリカ支援：後期

時期		主要な活動
第1期	2012.3－2013.12	丁寧な解説入りの文章題問題（教員用補助教材）作成
第2期	2014.9－2016.9	第1期の開発教材の活用法に関するワークショップ実施支援と授業研究の導入
第3期	2017.6－2020.4	現行カリキュラムをもとに、教員自身の概念理解を深めるための教員用指導書（数と計算領域に特化）作成 授業研究の形式を用い、北西州及び自由州のモデル校4校において指導書導入のパイロット事業（授業研究方式） 新理数科ICT戦略の最終化支援 National Education Collaboration Trust（NECT）パイロット事業協力（授業研究方式）

（JICA, 2014, 2017b, 2017c, 2019をもとに筆者作成）

ここで特に注目しておきたいことは、「パイロット事業」の展開である。実践・省察力を問題とする授業研究を講義によって上意下達方式で伝えようとすることはそもそも無理がある。実施評価においてもカスケード方式によって、授業研究が学校の研修まで届いたのか不明でもあった。JICAの後期の教育支援の方式は、効果の不明なカスケード型から学校・授業を研修の出発点とする「パイロット校方式」へと転換をはかっている。

そのための支援者として、2012年から今日（2022年）まで算数政策アドバイザーを派遣した。派遣されたアドバイザーは小学校での教職経験を持ち、JICAシニアボランティアとしての途上国で働いた経験を持つコンサルタントである。現地に常駐はしないが、1回の渡航期間は数か月に及び、学校訪問も頻繁に行っている。

支援内容は、MSSIと同じく、教材作成とその教材の教室での実施が含まれる。アドバイザーが教材作成することで質を担保すると同時に、パイロット校で授業研究方式を用いて教材をテストし、教師の意見を取り入れることにより、教師や子どもにとって教材をより使いやすいものにしていくことが目的である。パイロット校ではそれは、カリキュラムが実施されているかどうかを学校がモニタリングする、という意味で授業研究を校内モニタリングと呼んでいた。

第3期でのパイロット事業は、パイロット校41校を対象に、「教材開発→トレーニング→モニタリング→モニタリング内容の教材への反映」という一連の技術支援を、1-3年生まで同時並行で行っている。「モニタリング」の部分は「授業観察・授業検討会」という授業研究の重要な要素が含まれる。こうした「パイロット校方式」によって、パイロット校で授業研究の具体を体験し、それをパイロット地区さらにはパイロット州に広めていこうとしている。イノベーションとしての授業研究を実際に経験することで、パイロット校の教員は、授業研究の相対的優位性を知覚し、試行可能性、観察可能性を高める可能性が高くなる。

3 「経験提供型」（貸与）から目的を持った「借用」へ

「政策移転」においては、借用（borrowing）とは、「他のコンテクストで観察された政策を別のコンテクストで意識的に採用すること」（Phillips & Ochs, 2004）をいう。MSSIの授業研究移転は「経験提供型」の「貸与」（日本）であり、この場合移転のスペクトラムからみると移転は貸与される側（南アフリカ）との「3 制約下における協議」において行われるが、実のところは貸与される側の主体性は弱い。

後期 JICA の支援において、重要な点は、前期とは異なりムプマランガ州ではなく、中央の基礎教育省（DBE）カリキュラム政策・モニタリング局をカウンターパートとしたことである。「理数科教育は、1 州のみならず、南アフリカの全州に関わることであり、成果の全国展開を考えるのであれば、中央の基礎教育省を CP（カウンターパート）として支援するべきとの考え」（JICA, 2019）としているが、MSSI が中央教育省とのつながりが弱くプレゼンスが低かったこと、国のカリキュラム改訂その他の政策の影響を受け、プロジェクト実施に支障をきたしたことを反省したものでもある。DBE をカウンターパートとすることで、イノベーションとしての授業研究の認知度は、少なくとも DBE カリキュラム政策・モニタリング局内では高まったと考えられる。

後期（第 3 期）で注目すべきは、算数アドバイザーに対して、NECT（National Education Collaboration Trust）からパイロット事業への協力要請があったことである。NECT はラマポーザ大統領が基礎教育向上のために立ち上げた団体であり（https://nect.org.za/）、ウェブページには、「2030 年までに南アフリカの子どもの 90％が、数学・理科・言語で、最低 50％以上で合格することにコミットしている」とある。2017 年から NECT は TMU（Teaching Mathematics for Understanding Project）というパイロット事業を開始し、初等教育課程（小学校 1-3 年生）の教員指導書を開発しているが、教材の質を担保するため、パイロット事業実施におけるアドバイスが求められていた。JICA は、NECT の現場への影響力と、南アフリカの教材の質を上げ、それらをより多くの学校に配ることが、児童の算数概念強化につながるという考えに鑑み、基礎教育省からの要請に同意した（JICA, 2019）。

「基礎教育省は、本パイロット事業に成果が見られた場合、パイロット校以外の NECT 支援校及び他の公立学校に対しても、教材の普及とモニタリング体制（校内授業研究）を確立していくとしている」（JICA, 2019）。NECT パイロット事業は、南アフリカの算数カリキュラム改定という算数教育の根幹改定につながる事業であり、今後の南アフリカにおける算数教育と教員及び生徒の概念理解に与える影響が極めて大きいとされる。DBEのこうした動きは移転スペクトラムで言えば、「4 目的を持った借用」であり、あきらかにMSSIに比べて歩を進めている。2012年以降、JICAが継続的に専門性を持つ人材を算数教育政策アドバイザーとしてDBEに派遣していること、それによってDBEも日本の授業研究（イノベーション）を観察する機会が増し、校内研修の有効なモデルとして知覚されつつあると言ってよい。

同時に、2010年以降、授業研究の越境は南アフリカにも確実に及び、近年、授業研究の「研究」が散見される。授業研究の紹介（Jita, Maree, & Ndlalane, 2008; Paulsen, 2010）、継続的現職教員研修モデルとしての授業研究の位置づけ（Mhakure, 2019）のほか、小規模な理数科介入研究の事例が報告されている（Adler & Alshwaikh, 2019; Alshwaikh & Adler, 2017; Coe, Carl, & Frick, 2010；Ogegbo, Gaigher, & Salagaram, 2019; Posthuma, 2012）。初中等学校理数科での授業研究事例は、大学研究者や大学院生が教科内容知識を持った外部有識者として授業研究に参加・介入するものである。研究終了後、外部からの介入がなくなった時、授業研究が持続する保障はない。とはいえ、「経験提供型」（貸与）から目的を持った「借用」へというシフトチェンジが、後期においては教育の様々な局面において着実に進みつつある。

第3章　授業研究における省察の問題

研究課題2：授業研究を通して授業実践力が向上することを定量的・定性的分析によって考察し、「省察力を高める」授業研究の構成要素を明らかにする。

以下では、南アフリカの生物現職教員であるZが、授業研究を通して授業と授業観をどのように変容させたのかを模擬授業・研究授業の定量的、定性的分析から考察し、「授業省察力」を高める授業研究の構成要素を提示する[8]。

第1節　MSSI（第2フェーズ）本邦研修：授業研究への特化

2003年3月にMSSI第1フェーズが終了し、2003年4月、MSSI第2フェーズがスタートした。第2フェーズは全州の中学校（GET）、高校（FET）を対象にし、HODに代わって、教科ごとに複数校の教員によって構成されるクラスター（約50）のリーダー（Cluster Leader；以下CL）に対して研修を行う構造であった（表2-4参照）。本邦研修⇒全CI対象ワークショップ⇒地域別全CL対象ワークショップというカスケード方式と、クラスター内での研修を併用する形で教員研修がデザインされた（長尾ほか, 2003）。

しかし、2003年度終了時点において、「プロジェクトの発足から4年が経過しても、必ずしもCIやCLに対する研修の成果が教室に届いているとはいえない」という現状分析から、教室レベルで生徒－教員の相互作用に本質的な変化をもたらすための方策が関係者間で協議された。その結果、現職教員であり、日常的に授業をしているCLを日本研修に参加させること、日本研修では南アフリカの授業を念頭において授業研究に特化して研修を行うことで合意形成がはかられた。

第2フェーズの実質的なスタートとなった2004年11-12月の本邦研修には同じ地域から同じ教科のCIとCLとをペアで招き、高校の物理化学・生物・数学の3教科において授業研究を体験した。2004年11月中旬から12月初旬にかけて実施された日本研修では、数学・生物・物理化学の教科別にCL、CI及び研修担当教員がチームをつくり、11月18日から25日まで1週間にわたり教材研究を行なった上で、その成果をもとに第1次指導案を作成した。11月26日には、第1次指導案をもとにして第1回模擬授業及び授業検討会を実施した。これには研修担当教員の他、JICA長期研修員を中心とした留学生も参加した。この授業及び検討の結果を踏まえて教科ごとに指導案を再検討したのち、11月30日には第2次指導案を用いて第2回模擬授業及び検討会を実施した。その翌日12月1日には、J高校（県立高等学校普通科）において、二年生を対象として英語による授業を実施した。授業後、同校理数科担当教員を交えた全教科合同の授業検討会が開かれた。研修の最後にこれらの研修を総括する形でレッスン・スタディ・ガイドをまとめ、日本研修の成果物とした。

以下では、生物教師Zを事例として、授業研究の中核である「授業計画→実践→授業検討会」が授業省察を促し、授業改善にどう貢献しているかを検証する。

第2節　2回の模擬授業及びJ高校における授業の概要

まず、CI、CL、研修担当教員（生物学）とで、授業のテーマとして設定した循環系について、ムプマランガ州の高校生物担当教員が抱えている課題を検討した。内容理解、他の器官系との関連及び各学年での学習内容の相互関連性の課題は、循環系およびその他の器官系との関連を俯瞰できるコンセプトマップを作成することで対応した。研究授業として、適切な生徒参加型の実験的活動を含む指導案を作成した。

2回の模擬授業と研究授業とでは、授業構成に大きな変化はない。3回の授業すべては、導入部と展開部に大きく二分され、導入部は、授業のテーマである「血液循環系」という用語の理解と他の器官系との関連について概説する。展開部は心臓を含めた「血液循環系」に関する説明と、身体の生理的状況に対応した心臓の拍動数の変化を観察する生徒参加型の実験活動の2つから構成されている。展開部の後半の実験活動は、教材研究において考案した生徒参加型の実験活動（運動前後の心拍数を計測）であり、その実験結果について考察を加える構成となっている。また展開部の前半終了時には、生徒（授業研究会参加者）の理解度を確認するためにワークシートが配布されている。授業者は、2回の模擬授業後に開催された検討会における参加者からの指摘や助言、生物担当のCI及び鳴門教育大学研修担当教員からの助言及び自己の振り返りを踏まえ、指導案の改訂を重ね、J高校における高校生を対象とする授業に臨んだ。

第３節　授業研究によるＺの授業変容

1　定量的な変化

研修中に南アフリカの生物担当教員の実践した2回の模擬授業、J高校における授業を収録したビデオ映像と授業のトランスクリプトをもとに時間配分、授業者と生徒間の相互作用について定量的に分析した。

(1)「展開」での時間配分の変化

3回の授業の授業時間と、導入、展開、まとめに費やされた時間配分は表3-1の通りである。導入と展開の部分の割合は、J高校研究授業で導入部分がやや長くなっているものの、3回の授業を通じてほとんど変化していない。

表3-1　模擬授業・研究授業の授業時間と配分

授業（実施日）	全授業時間[1]	導入	展開	まとめ
第1回模擬授業 (2004年11月26日)	2543（100）[2]	374（14.7）	2169 (85.3)	0
第2回模擬授業 (2004年11月30日)	3169（100）	465（14.7）	2704 (85.3)	0
J高校研究授業 (2004年12月1日)	3306（100）	594（18.0）	2712 (82.0)	0

（1）秒　2）％）

次に、展開部の活動を分析した結果、展開部は説明、実験活動、ワークシート活動の3種類の活動が見られた。授業者Zがそれぞれの活動に充てた時間の割合を表3-2に示した。第1回とJ高校研究授業での説明時間の割合はほぼ同一であるが、J高校研究授業ではワークシートの記入に時間配分がされており、時間配分のバランスがよくなっている。説明内容を絞り込むと同時に、生徒の理解を促がし定着を図るための活動に時間配分するように授業者が配慮したことを示唆している。

表 3-2　展開部において活動別に費やした時間の割合

授業（実施日）	説明	実験活動	ワークシート	展開部時間（秒）
第 1 回模擬授業 (2004 年 11 月 26 日)	44%	56%	0	2,169
第 2 回模擬授業 (2004 年 11 月 30 日)	63%	29%	8%	2,704
J 高校研究授業 (2004 年 12 月 1 日)	45%	40%	15%	2,712

⑵　教員生徒間の相互作用の増加

教員による一方的な説明だけではなく、質問によって生徒の既有知識や理解度を確認あるいは深化させ、さらに実験活動やワークシート記入の支援を適宜行うことなどは、授業の効果を増すために必須の教授方略である。このような教員生徒間の相互作用を定量的に分析するため、質問、実験及びワークシートについて、教員が言葉による要求や質問を投げかけ、生徒がそれに応えて活動あるいは回答をし、さらにその反応に対し教員が何らかのコメントをするまでの経過時間を計測した。質問が連続している場合は最初の質問から最後の質問に対する教員のコメントまでを 1 つの相互作用とした（表 3-3）。

表 3-3　全授業時間に占める相互作用時間とその割合

授業（実施日）	全授業時間 （秒）	相互作用時間 （秒）	全授業時間 / 相互作用時間 （%）
第 1 回模擬授業 (2004 年 11 月 26 日)	2,543	426	16.8
第 2 回模擬授業 (2004 年 11 月 30 日)	3,169	1,392	43.9
J 高校研究授業 (2004 年 12 月 1 日)	3,306	2,003	60.6

質問については、授業内容に関連した生徒の知識の有無を問うタイプ（Q-1）と、事象の背景にある本質を想起あるいは思考させることにより理解の深化をはかるタイプ（Q-2）に分類し、各相互作用の割合を計測した（図 3-1）。

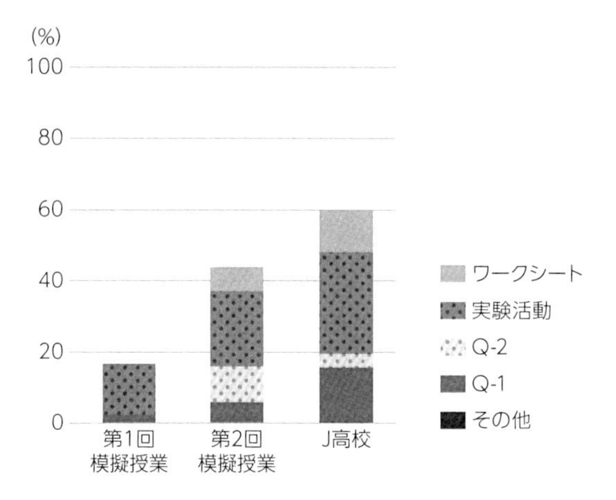

図 3-1　全授業時間に占める各相互作用の割合

相互作用時間は第 1 回の模擬授業から、第 2 回模擬授業、J 高校研究授業と回を重ねるごとに増加していた。第 1 回模擬授業と J 高校研究授業とを比較すると、J 高校研究授業での相互作用時間は第 1 回模擬授業の 5 倍弱に増えていた。相互作用は一見、生徒らの自立的、個別的な活動と考えられがちな実験活動やワークシート活動においても計測され、3 回の授業を通して、実験活動での相互作用の割合が最も大きかった。定量的な変化の分析は、必ずしも質的な変化を示すものではないが、相互作用の割合の増加は、授業者 Z が一方的な説明に代えて、生徒の授業参加を促す努力をしたのではないか、と推測できる。展開における実験活動、知識の整理・定着をねらうワークシート活動への時間配分の増加は、模擬授業を経て授業の焦点化をより強く意識したものだろう。J 高校における展開部での Q-1 の増加は、授業が英語で行われたこととも関連していると思われる。それぞれの授業は、授業研究の積み重ねや生徒の実態を反映したものであることが推察できる。

2　「定性的」変容：「授業の焦点化」と「生徒中心」への転換

ここでは、授業検討会でどのような意見が交わされ、Z はそれを次にどう生かそうとしたかを検討会記録の要約から分析する。文中の下線はポイントとなる文言である。

⑴　第1回模擬授業（2004年11月26日）

模擬授業終了後の検討会は、まず授業者からコメントがあり、次に参加者から最初に良かった点が指摘され、その後改善すべき点と建設的提案が述べられるという形で進行が図られた。

第1回の模擬授業は、定量的分析（表3-2、表3-3、図3-1）からもわかるように、相互作用の少ない説明中心の授業であった。参加者の意見もその点を指摘している。

> 授業の良いところは、模式図とワークシートを入念に準備して使用したことである。しかし、話す速度が速すぎる。授業は発問がなく、教師の説明に終始していた。そのため、授業は教師による一方的な語りとなっていた。最初のワークシートに関しては、生徒の活動をまったくモニタリングしていない。その2分後には実験が始まった。実験では、結果に基づいて結論が導かれていなかった。そのため、実験の目的をあいまいなままにして授業が終わった。内容を盛り込みすぎており、焦点が分かりにくくなっている。結論として、この授業は大幅な改善が必要である。

後述するように、授業者Zにとって同僚の前で授業を批判されることは容易に受け入れられる経験ではなかった。しかし、CI、研修担当教員とともに改善点の指摘や提案を検討し、指導案を改善し2回目の模擬授業を行った。

⑵　第2回模擬授業（2004年11月30日）

授業の構造は第1回と同じである。2回目の模擬授業については、参加者から「生徒への質問があった」、「模式図が以前よりわかりやすい」、「話す速度や声の大きさは良い」、「実験活動のあり方」などが改善、または好ましいものとなったとの指摘があった。教師と生徒との相互作用が増え、思考を促すQ-2タイプの質問が増加していることと符合する（図3-1）。模擬授業第1回と第2回の間でのこうした変化は、すべて第1回模擬授業終了後の検討会における指摘を生かした結果である。

その一方で、さらに改善を要すべき点として、「ミトコンドリアが出てきたりと、情報量が多すぎる。血液循環が焦点なので、それにもっと絞って用意したリソースを最大限活用する」、「板書の工夫、数学の授業のように、たとえば黒板を三分割する」、「先生が答えを言ってしまっている。生徒から答えを引き出すべき」、「模式図の矢印が静脈に行くのか動脈に行くのかがよくわからないので改良した方が良い」、「使用する教具を多様化する必要性」、「授業スタイル（生徒の理解中心型授業）」、「質問後は生徒の反応を待つべき、反応がない時には同じ質問を繰り返すのではなく、言い換えることも必要ではないか」、などの指摘が参加者から出された。「内容量」、「板書」に関する指摘は、第１回の検討会でも指摘されていたが、第２回模擬授業においても改善されていない。

⑶　J高校研究授業（2004年12月１日）

J高校での研究授業終了後開催された授業検討会では、J高校の生物担当教員（複数）から「生徒が授業及び活動を楽しんでいた」、「生徒の英語力の問題があったが身振り手振りを交えていて理解可能」などの感想が述べられた。授業の良かった点としては、「人体模型および図を用いて（循環系の）概念をうまく説明した」ことが、改善すべき点としては、「黒板の使い方」と「導入をもっと生徒中心型にすべきである」ことが指摘された。

翌日、大学で行なわれた授業検討会では、参加者からの具体的にどこがどのように良くなったかという指摘や、改善点の指摘は少なく、「生徒中心、活動中心の授業であった」という仲間からの賞賛が多数聞かれた。具体的には、「生徒の顔を見てゆっくりと話すようになったこと（話す速度）」、「板書を最小限にしたこと（板書）」、「質問を通じて生徒を授業に参加させるようにしたこと（生徒との交流）」、「質問時に生徒の返答を待つ姿勢を見せたこと（質問後の教師の姿勢）」、「血液循環を中心とした内容に絞ったこと（内容の焦点化）」、「模式図と人体模型とを効果的に使用し、また色という視覚情報を強調して２つの循環の説明を明瞭に行ったこと（教具の使用）」であった。

⑷　考察：授業研究によるＺの授業変容

定量的、定性的分析結果から、Ｚの第１回模擬授業は「Chalk and Talk」と称される教師の説明中心の、相互作用の乏しい授業であったことが確認された。周到に準備した構造図とワークシートを持って模擬授業に臨んだＺは、それまで自身の授業のやり方に対して何ら疑問を持っていなかったと考えられる。しかし、2回の模擬授業と授業検討会を経ることによって、Zの授業は著しく改善した。すなわち、授業展開部分では「説明・実験活動・ワークシート活動」の時間配分のバランスが改善し、生徒との相互作用量が大幅に増加した。Zの授業改善は、話す速度や板書といった教授方法的なことがらだけでなく、授業目標に即して内容を焦点化し、授業目標の達成により効果的な教材教具の工夫という教科内容にかかわる側面にも認められた。

授業検討会は実施された授業の省察であると同時に、次の授業実践をより良いものにするための示唆を与えるものである。授業検討会の経験が浅い場合、参加者の議論は表面的な現象についての意見交換に終始しがちである（Hart & Carriere, 2011; 又地・菊池, 2015）。それは二つの理由が考えられる。第1に、授業観察の経験が乏しいため、省察の対象が目に見える一般的な教授技術に偏り、省察のレベルが低いためである（Hart & Carriere, 2011; 又地・菊池, 2015）。第2に、授業者、参加者が「授業」の批判的省察を「授業者個人」への批判と誤解し、人間関係が悪くなるのを避け、当たり障りのない発言をする場合である（Rappleye & Komatsu, 2017; Lewis, Friedkin, Emerson, Henn, & Goldsmith, 2019）。このような授業検討会では、いくら授業検討会を積み重ねても授業改善にはつながらない。本授業研究では実践において「授業の焦点化」および「生徒中心の授業」への転換に大きな成果が見られたが、そこには、まず、生徒中心の授業とはどのようなものであり、どのようにすればそれは実現できるのか、という研修生の「生徒中心の授業」に対する問題意識があった。そして、授業研究の方向付けができる指導助言者が存在していた。そうした指導助言者を欠いたところでは、授業研究会はいつまでたっても表面的な感想の交換会に終わり、授業改善を生み出すものとはならない。

第４節　Ｚの省察とその分析

2005年3月、MSSI第2フェーズのワークショップの合間に、派遣業務の一環として、筆者を含むMSSI短期専門家は勤務校にZを訪ね、本邦研修の経験について聞き取りを行った。Zは本邦研修での授業経験が彼にとって初めての授業研究であったことを認め、その時の思いと学びについて語った。Ｚによる、自分自身の授業研究の体験と、体験を通して得た学びについての自己省察を、「授業実践と省察が授業と授業観を変える」、「授業検討会における『痛み』と実践意欲の創出」という二つの観点から分析・考察する。

① 実践と省察が授業と授業観を変える

「これまでの授業の振り返りと日本研修で学んだものは何か」、との問いに

　第１回の授業を思い出すことができる。3回目（研究授業）と比べると、最初の授業はまったく合格点に達していない。教育者に求められることをやっていなかった。私は、教育者が学習者に情報を与え続けるという古い教え方をしていて、学習者はほぼ、90％と言ってもいいくらい、受動的な状態だった。私のやっていたことは全く間違っていた。(2005/3/7)

「日本側はOBE式の授業をどのように実践するのか頭を悩ませている」、といわれて

　ワークショップに行って（OBEの）正しい用語の使い方を習うが、同じやり方で授業を続けている。それをOBEと呼んでいるに過ぎない。しかし、自分の最初の授業と、今、自分がどう教えているかを比べると、自分が本物のOBEの授業に近くなっているのがわかると思う。(2005/3/7)

Ｚのこうした発言は、教師としてのＺの変容、Ｚの授業の変容を自ら公言するものであり、教師の変容、授業の変容について２つの重要なことを示唆している。

第１に、「ワークショップに行って（OBEの）正しい用語の使い方を習うが、同じやり方で授業を続けている。それをOBEと呼んでいるに過ぎない」というＺの指摘は、授業変容は容易ではないことを含意する。「容易ではない」理由は、さらに、「言語的知識や情報が実践としてすぐに具現化できるとは限らない」（秋田, 2007）ことと、教師が授業スタイルを変えることを望むとは限らないことが考えられる。南アフリカへ授業研究を移転するということは、教師のそうした現実を十分に考慮しなければならない。

第2は、授業検討会での省察の内容とレベルの問題である。第1回の模擬授業では、教師（Z）＝学習者に情報を与える存在、学習者＝情報を受容する存在という、間違った、古い教え方に基づいていたと認めている。第3節で詳述したように、授業検討会で共有されたコメント（省察）の多くが、教師の説明中心の授業を、生徒の学び中心へと授業改善するための内容、レベルのものであった。Zは生物チームのCI、研修担当大学教員の支援を受けながら、コメントを指導案に反映させ、研究授業に臨んだ。日本の高校生の反応は、授業研究の成果を実感させるに十分なものであった。

Zの教師としての信念や態度、授業観の変容は、Guskey（1986, 2002）の提示した現職教員研修による教師変容モデルに当てはまる（下図、前掲図1-5）。

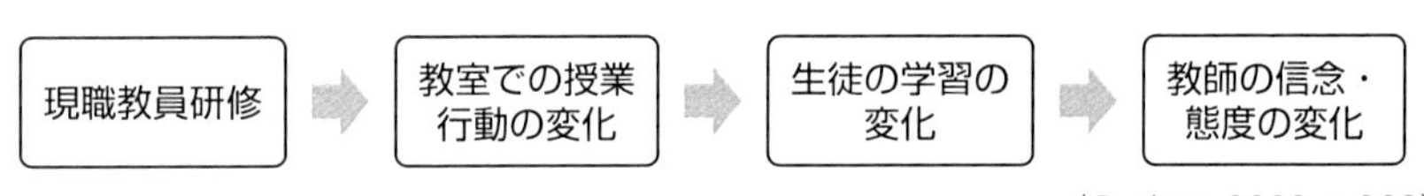

(Guskey, 2002, p.383)

図1-5　現職教員研修による教師変容モデル

Zは授業研究という現職教員研修において、生徒中心の活動型の授業案を作成、改善する経験を経て、教室で実践した。それはいままで彼が慣れ親しんだ授業行動とは異なるものである。実践の結果、生徒の学習の変化を実感したことにより授業観、教師観が大きく変化したと説明できる。Guskeyが言うように、このモデルで重要なのは、現職教員研修部分すなわち、授業研究において授業改善のための具体的で、実施可能な省察、提言ができるということと、その提言を授業に反映させて実践することを支援する人の存在である。Zの本邦研修体験には、その両方があった。

2　授業検討会における「痛み」と実践意欲の創出

「授業について他人からの批評を受け入れることは容易だったのか」、と問われて

正直に言うと、模擬授業をして、日本の高校で授業をしなくてはいけないと言われた時、すごくナーバスになった。同僚が自分の授業について批

評するというのは非常に居心地が悪かった。傷つけないように言おうと彼らがどんなに努力しても、自分の感情は傷ついた。(2005/3/7)

いちばん役に立ったのは、第1回の授業のあと、T指導主事とC先生と自分と一緒にテーブルを囲んでチームとして作業できたこと。お互いを人間としてもっとよく知ることができ、信頼できるようになった。いまでも、こうしてC先生がアフリカに自分を訪ねてきてくれたら、昔からの友人に会ったように気軽に挨拶できると感じている。(2005/3/7)

第1回の模擬授業は、自他ともに認める、Chalk and Talk型の授業方法で、Zにとって慣れ親しんだやり方であった。CLであるZには授業に対する自信や自負もあったし、研究授業を行うということでナーバスにもなっていた。そのZに対して授業検討会で「話す速度が速すぎる」、「授業は発問がなく、教師の説明に終始していた」、「実験の目的をあいまいなままにして授業が終わった」、「内容を盛り込みすぎており、焦点が分かりにくくなっている」(p.62) という意見は的を射ているとは言え、Zには全否定的に聞こえたことであろう。Zにとって初めての授業研究の経験は、極めて居心地が悪く、「傷つけないように言おうと彼らがどんなに努力しても、自分の感情は傷ついた」とZがいうのも無理はない。授業検討会には授業者に「痛み」を与えてしまう側面が含みこまれていることを忘れてはならない。授業検討会での「痛み」は慣れ親しんできたものに対する「異化」でもあるが、その意味が実感できなければ、「授業研究嫌い」を生み出してしまうだけである。

Zがこの「痛み」を授業改善の意欲へと転換できたのはなぜか。そこにはいくつかの条件があるようである。まず、Zの学ぶ意欲である。大学教員CはZが前年度のMSSI研修に参加していたこと、研修後に質問に来たことを覚えていた。Zが学ぶ意欲を持ち、支援者の提案する内容や方法に対してオープン・マインドで貪欲であったことがうかがえる。さらに、「いちばん役に立ったのは、第1回の授業のあと、T指導主事とC先生と自分と一緒にテーブルを囲んでチームとして作業できたこと」とZが言うように、日本人大学教員C、上司でもあるTとの3人の間に立場を超えて対等なメンバーとして信頼関係を醸成できていたことも見逃せない。T、CはZの羞恥心、痛み、反発を受け止め、共感する他者として存在していた。

信頼できる他者と目の前の課題についてディスカッションし、協働して解決策を模索し、試行を繰り返すという授業研究の経験を通して、Zは主体的に「生徒中心の授業」を行うために必要な知識と技能を体得した。専門職業人養成のプロセスでは、成人学習者と教育者（支援者）との相互の関係性として、「対等性」「共感性」「協同性」「相互性」「啓発性」が求められるが（渡邊, 2007）、それらはZと大学指導教員Cの関係を特徴づけるものであったといえる。

第5節　「授業省察力」を高める授業研究の構成要素

最後にZの変容を引き起こした授業研究を一つの手がかりとして、省察力を高める授業研究の構成要素を提示する。

①授業研究は授業を計画し同僚に提示することから始まる

「正直に言うと、模擬授業をして、日本の高校で授業をしなくてはいけないと言われた時、すごくナーバスになった」とZは語っている。これは授業公開と検討会を初めて体験するZの気持ちだけではなく、授業研究という学校文化がある日本の学校教師もまず抱く共通の感覚であるといってよい。しかし、授業公開を計画し授業を行うという実践がなければ、省察力を高める授業研究にはならない。

②授業計画は教材研究から出発する

長尾らは2000年9月のCIワークショップについて次のようにコメントしている。「ワークショップで行なった地学プロパーの研修を見ていると、CIたちの地学的素養のなさがあまりにも歴然としている」（長尾ほか, 2000, p.13）。言うまでもなく、伝えるべき・学ばせるべき教科内容についての研究と理解がなければ、授業は成立しない。しかし教科内容・教材研究は教えたい内容について一から学習し直せということではない。

Zが経験した教科内容・教材研究は、「CI、CL、研修担当教員（生物学）とで、授業のテーマとして設定した循環系について、ムプマランガ州の高校生物担当教員が抱えている課題を検討」することから出発する。つまり教師と生徒が抱えている視点から教科内容を問い直しているのである。そして教材として「内容理解、他の器官系との関連及び各学年での学習内容の相互関連性（を把握できるように）、循環系およびその他の器官系との関連を俯瞰できるコンセプトマップ（模式図）」を作成し、また人体模型を用意している。授業における教科内容・教材研究は、生徒の視点を持つことによって深めることができる。

授業検討会で教科内容・教材研究の視点を欠くと、検討会は論点が拡散し議論の深まらない緊張感を欠いた「教師同士の意見交換」となり、検討会・授業研究は形骸化し魅力ないものとなっていく。

③生徒を念頭に指導案をつくる

日本の学校教師にとって、授業研究を行う際に指導案を作ることは自明の前提となっている。指導案作成によって授業の構想を練ることは、実践を展開する上で欠かすことができない。この授業研究では、CI、CL、研修担当教員（生物学）が共同で指導案を作っている。同僚やアドバイザーの協力を得て、授業者が指導案を作ることが出来ればそれは理想の形式と言えるだろう。

指導案づくりで特に意識すべきことは３つある。

第１は、どんな学習者を育てたいか、そのためにはどんな授業構成が必要かという目的意識である。教師なら誰もが何らかの授業観をもっている。問題はそうした授業観を意識的に問い直し深めていくことである。本授業研究で追求すべき授業観あるいは授業への問題意識は明確であった。南アフリカで喧伝されていた「生徒中心型」授業、またOBEを授業でどう実践していくのか、ということである。授業検討会での「一方的な語り」「生徒中心型授業」「発問がない」といった指摘は、そうした問題意識を反映している。そして何よりもＺの、「自分の最初の授業と、今、自分がどう教えているかを比べると、自分が本物のOBEの授業に近くなっているのがわかると思う。」という発言には、生徒中心型あるいはOBEに対する認識の深まりが見られる。

第２は、本時の授業目標を明確にすることである。つまり教えたい内容を明確にしなければ授業は成り立たない。本授業研究における授業目標は「血液循環系」についての理解を深めるということである。テーマが明確化されることでどんな教材が必要となるかが明らかになる。授業では主要教材として「模式図」と「人体模型」が用意された。

第3は、教授・学習活動を授業のねらいに絞り込むということである。模擬授業の検討会でも、「内容の盛り込み過ぎ、焦点が分かりにくい」「血液循環が焦点だから、もっとそれに絞って」ということが指摘された。ただ、3つの授業は「導入」と「展開」に区分され、「展開」に十分な時間を割く計画とした。そのことにより、実際の授業においても「展開」への配分時間は8割強、またその中でも心拍数の変化を見る「実験」と「ワークシート」には十分な時間配分がなされた。授業計画は授業展開の時間軸にそって立てるのではなく、授業の中心部分(「展開」)から「導入」へと構想すべきである。また、「展開」の構想から「(情報)内容量」「発問」「板書」のイメージが湧いてくる。

④授業目標に焦点化した授業検討会

授業検討会の議論は授業目標が達成されたか否かに焦点化されなくてはならない。しかし、このことは、例えば「話す速度が速い」とか「生徒の活動をモニタリングしていない」といった一般論的な指摘が不必要である、ということではない。授業を観察して感じた事にはそれぞれに意味がある。大事なことは、授業者や授業支援者(ファシリテーター)がそうしたコメントを授業の結果や成果とどう結びつけて意味づけができるかどうかということである。そのことによって授業者だけではなく検討会に参加した教師たちが授業省察力を高めることができる。授業だけではなく、検討会もまた焦点化した論議の深まりを目指すことが重要なのである。検討会における授業者に対する問題点の指摘は、指摘した教師自身の実践に対する反省の表明でもある。

検討会における授業者に対する問題点の指摘は、自己自身の省察力・実践力の向上を促すものとなる。

⑤サイクルとしての授業研究

授業研究は単発で完結するものではない。本授業研究が集約的に示すように、授業研究をサイクルとして繰り返すことによって、授業者、検討会への参加者の授業や省察力が向上していくのである。Zの省察力・授業力、授業に対する意欲、それらの向上はこの授業研究を積み重ねることによって獲得されたものである。Zの研究授業に対する検討会での多くの評は「生徒中心、活動中心の授業であった」と肯定的であった。検討会(「研修」)での問題点の指摘、それを受けての授業改善(「教室での授業行動の変化」)、改善された授業を受けた生徒の反応による手ごたえ(「生徒の学習の変化」)、仲間からの肯定的評価、こうしたサイクルが授業の省察力を高め(「教師の信念・態度の変化」)次なる授業への意欲を生む。Guskeyのいう教師の変容モデルを示すものでもある。

⑥授業研究には支援者が必要である

教師変容モデルやZの事例に基づくと、半信半疑で授業研究へ参加する教師が、授業研究に対する信念や態度を変更する可能性が生まれるのは、授業検討会のコメントや提言が教員の課題や求める支援に応えるものであること、それを授業で試してみて目の前の学習者に何らかの成果が感じられる時ということができる。その場合、授業後に行う授業検討会での省察の質、教師への継続的な支援が何よりも重要となる。授業研究のような学校ベースの教員研修では、教員研修の質は構成員である教師の質に規定されるため(de Clercq & Phiri, 2013, p.81)、指導助言者の存在が欠かせない。また、そうした助言者が検討会を許容的な雰囲気において導くことが出来なければならない。「お互いを人間としてもっとよく知ることができ、信頼できるようになった。いまでも、こうしてC先生がアフリカに自分を訪ねてきてくれたら、昔からの友人に会ったように気軽に挨拶できると感じている」。Zの言葉はそのことを端的に物語っている。

MSSIは南アフリカの教師が継続して実践力量を高めていく手段として、授業研究の移転を意図した。Zの例が示すように、授業研究は教師が意識的に授業を省察の対象として継続的に実施することで、授業から学び、成長する有望なアプローチである。イノベーションとしての授業研究が、他の現職教員研修よりも相対的優位であるということは、Zをはじめとした2004年本邦研修参加者は体験的に知覚した。

Zは帰国後、勤務校で日本での経験を共有し、授業研究を試みようとしたが実現しなかった。Zの経験は2005年のCIワークショップやCLワークショップで一部共有されたが、クラスターでも、学校レベルでも授業研究が試行されることはほとんどなかった。それはZの責任ではなく、彼が属している学校や教育行政施策上の問題に起因している、といえよう。政策として、就業時間内に教師の研修時間を保障し、制度として教師が授業研究を継続的に実施することが必要である。

とはいえ、授業研究制度が実践力の向上を保障するわけではない。指導助言者として教科指導主事がその役割を果たせるよう、教材の本質やカリキュラムの目的を念頭に学習活動を計画し、授業を省察することに焦点化した指導助言の強化が課題となる。それは一朝一夕でできることではなく、OJTとして実践しながら計画的に育成することが不可欠である。

注

8　本章は、下記論稿をもとに執筆した。
小野由美子・近森憲助・小澤大成・喜多雅一(2007)「国際教育協力における「授業研究」の有効性－南アフリカ人教師による生物の授業を事例として」『教育実践学論集』8, 11-21.

第4章　教科指導主事の授業省察力育成

研究課題3：授業研究には授業研究支援者の存在は不可欠であり、その役割を担うのは南アフリカにおいては教科指導主事である。研修によって教科指導主事の「授業省察力」が高まることを実証的に明らかにする。

前章では授業研究には授業研究支援者が必要であることを明らかにした。支援者の力量の中核には、「授業省察力」がなくてはならない。それを欠いては支援することはできない。南アフリカにおいて、この支援者の役割を担うのは教科指導主事である。

本章では研修（2017年度国別研修南アフリカ「初等算数科における教員の授業実践能力向上」）によって、教科指導主事の授業省察力を高めることが出来たことをKirkpatrickの研修評価モデルを用いて実証的に明らかにする[9]。

第1節　2017年度本邦研修「初等算数科における教員の授業実践能力向上」

2017年度本邦研修は、JICA初等算数政策アドバイザーの第3期派遣活動と連動していた。アドバイザーの第3期活動は、教員自身の概念理解を深めるための教員用指導書（数と計算領域に特化）を作成し、パイロット校で指導書を活用して授業を実施することを目指していた。教科指導主事はパイロット校での授業実施のプロセスに同行し、算数アドバイザーと一緒に授業研究を行いながら、授業研究のやり方、進め方、重要なポイントを理解することを狙っていた。つまり、OJTによって教科指導主事が授業研究の実践経験を積み、将来的には、自分のディストリクトで授業研究を広げるリーダーとなることを期待した。

こうした背景から、初等算数指導主事を対象とした研修の実施が鳴門教育大学に委託され、大学として研修を受託した。筆者は本研修の学内担当者として詳細計画策定とモニタリング、講師・視察先との連絡調整にあたった。筆者は研修のすべてのセッションに参加・同行したが、セッションのスムーズな運営が任務であり必要に応じて通訳した以外、セッションは一切担当していない。ただし、研修プログラムの詳細設計にあたっては、JICAの意図や現地関係者からのニーズの聞き取りを念頭に置きながら、筆者自身のMSSIや途上国での授業研究の経験、先行研究で指摘されている授業研究の問題点等を参考にした。

第2節　研修の概要

1　研修参加者

研修コース：2017年度国別研修南アフリカ「初等算数科における教員の授業実践能力向上」

研 修 目 的：フリーステート州(FS)、クワズルナタール州(KZN)の、州ならびにディストリクトの教科指導主事(教科アドバイザー)の研修能力が開発される。

研 修 期 間：2017年11月6日(月)～12月1日(金)までの25日間(研修実施20日間)研修会場として鳴門教育大学の施設を利用した。

研　修　員：研修参加者16名の内訳は、DBEカリキュラム局職員2名、州教育省カリキュラム局長2名、教科指導主事12名である[10]。教科指導主事の年齢は40-50代で、全員、アパルトヘイト下の教員養成カレッジで初中等教育課程を修了して教職についている。その後、上級資格、学位を取得した教科指導主事も多いが、数学教育を専門に学んだ者は少ない。大学で数学教育を専攻した者は計3名であった。なお、州教育省カリキュラム局長2名は長期出張が困難なため、研修期間を1週間に短縮して帰国した。

2　研修の内容

(1)　研修の目標、単元目標と単元カリキュラム・内容（方法を含む）の計画

目標・内容・方法は表 4-1 に示す通りである。

表 4-1　単元目標とカリキュラム構成

研修目標：フリーステート州、クワズルナタール州の、州ならびにディストリクトの教科アドバイザーの研修能力が開発される

単元目標①	単元目標②	単元目標③
南アフリカの学習者が算数において獲得すべき知識・技能・態度を明確にする。	知識・技能・態度を高めるような授業を開発する能力が強化される。	授業研究を通じて教員の現職教育をどう実現するかを理解する。
講義：日本の教育課程政策 視察・講義（徳島県総合教育センター）：全国学力学習状況調査結果の分析 講義：学習指導要領と教科書編集 講義：小学校算数分数学習項目系統表分析 講義：南アフリカ算数分数系統表と教科書分析 演習：インセプション・レポート発表	視察：附属小学校算数授業 講義：分数の意味理解、教材分析と授業設計 講義：附属小学校学習指導案の解説、授業解説教科書単元の解説 演習：分数教材開発 演習：学習指導案開発・模擬授業 講義：単元末評価問題作成 実習：WALS 参加 講義・演習：デジタルコンテンツの有効な活用	講義（徳島県総合教育センター）：現職教育 講義：初任者研修・現職教育 視察：N 小学校校内研修 3 年生算数授業研究 演習：模擬授業と授業検討会 実習：WALS 参加

（出典：JICA, 2017a をもとに筆者作成）

(2)　研修プログラムのねらい（経緯・重点）

● テーマ（分数）設定と授業研究サイクル

参加者である指導主事は、帰国後、継続的現職教育として授業研究の導入・実施・定着を支援する指導者の役割が期待されている。彼らに対して何を研修テーマとして、どのように研修を進めるかについては事前に JICA 本部担当者、南アフリカに派遣されている日本人初等算数政策アドバイザー、研修員のリーダーとして参加予定の DBE カリキュラム局算数・数学専門家と協議した。その結果、多くの南アフリカの子どもが初等算数で躓く学習項目から研修テーマを選ぶこととし、分数をテーマに据えることで合意をみた。加

えて、筆者や現地派遣日本人専門家の経験から、授業の課題として授業を計画する際の基本的事項への配慮が乏しいのではないか、という点が指摘された。具体的には、授業で達成すべき目標が明確に意識されていない、当該授業の前後の授業とのつながりが意識されていない、既習事項・未習事項が区別されていない、生徒が理解できているかどうかの評価活動が不十分である、といったことである。こうした課題は、「単元目標②」にかかわる研修のなかで具体的、実践的に扱うこととした。

分数の教材研究、教材開発を踏まえて、研修参加者が授業研究のサイクル―教材研究・授業案作成・模擬授業・授業検討会―を一通り経験するように研修プログラムを構成した。研修講師については、JICA 担当者から、できれば初等算数を専門とする現職教員、退職校長を講師として招いてほしいという要望が出された。子どもの発達を踏まえて、生徒の理解度をどう評価するかなど現場の実情を踏まえた具体的な経験を南アフリカの教科アドバイザーと共有するためである。

- **附属小学校参観とWALSへの参加**

研修参加者のうち、カリキュラム局長２名は研修期間が短いことから、研修期間中に「日本の教育課程政策」、「徳島県総合教育センター：全国学力学習状況調査結果の分析」、「学習指導要領と教科書編集」（以上単元目標①）、「附属小学校授業参観」（単元目標②）、「教員採用・初任者研修・現職教育」（単元目標③）を配置し、実施することとした。州カリキュラム局のトップとしての研修ニーズ（カリキュラム開発、現職教員研修）に応えることはもちろん、附属小学校の授業は是非参観してほしかった。南アフリカの教育でも盛んに強調される「生徒中心」、「問題解決」、「批判的思考力」を日本の教師は授業にどのように具現化しようとしているかを実際に見て体験してほしかったからである。日本の授業を参観することは、南アフリカで一般的な授業との比較対象を得ることにつながり、南アフリカの授業とどこが異なるのか、何を学べるかを考えるきっかけになる。そのような配慮から、第１週は盛りだくさんの内容になった。また、名古屋大学で開催された世界授業研究学会（World Association of Lesson Studies: WALS）と研修時期が重なることから、研修員がWALSに参加できるよう日程、プログラムの調整を行った。

● 教材理解と模擬授業・検討会の往還

単元目標②はContent Knowledge（教科知識CK）とPedagogical Content Knowledge（教科教育的知識PCK）にかかわる研修内容が主体である。又地・菊池（2015）で指摘された授業研究の質の問題は、CK、PCKが不十分なため、教材研究、教材分析が深まらないことに起因すると考えられる（石井, 2015；神原, 2014；木根, 2012; 野中, 2013）。教材研究の重要性に気付いてほしいこと、教材研究を通してCK、PCKを少しでも深めてほしいとの願いから単元目標②については十分な時間を確保するとともに、算数科教育を専門とし、現場の実践経験が豊富な講師に担当を依頼した。

第２週から第３週にかけて、「分数の意味理解」、「分数の加減計算」の教材分析と教材分析に基づく授業設計について講義と演習を行い、第３週はグループに分かれて分数の授業案を作成し、模擬授業、授業検討会を実施した。このサイクルを２回繰り返した。その間、第２週には研修会場近くの公立小学校で校内研修の一環としての研究授業を参観し授業検討会に臨んだ。第３週の週末を利用してWALS年次大会に参加した。第４週は研修全体の振り返りと、帰国後のアクションプラン（担当地区でどのように授業研究を広めるか、指導主事としてどのような支援を行うか）の作成、発表に費やした。研修期間を通じて、経験の省察の時間をできるだけ取るようにした。

● 英語による資料等の準備・対応

本研修で講師が使用する資料は事前に筆者あてに送ってもらい、JICAを通してすべて英語に翻訳した。また参考資料として複数の小学校算数教科書英語版を用意し、そのうち啓林館小学校教科書英語版は１人１セット準備した。日本の小学校教科書の英語版は複数あるが、研修地である鳴門市では啓林館の教科書を採用しているためである。英訳した資料は研修計画に合わせてフォルダーにすべて綴じて、研修開始オリエンテーション時に全員に配布した。附属小、公立小での授業参観に際しては直前に授業案を送付してもらい、筆者が英訳して前日までに共有した。参観に先立って必ず授業内容を確認し、授業者のねらい、ねらいを達成するためにどのような学習活動が計画されているかを研修員に解説した。授業参観後は、当日あるいは翌日の午前中にそれぞれ観察したことをもとに省察のための時間を取った。研修期間を通じて研修管理員が２名配置され、通訳と研修管理サービス（調整・手配）の役割を担った。

第３節　研修の評価

この研修はどのような成果をあげたであろうか。研修の満足度は高かったのか、「授業省察」についての省察レベルは向上したのか、Kirkpatrick の研修評価モデルを用いて実証的に考察する。

1　Kirkpatrick の研修評価モデル

2017 年度国別研修南アフリカ「初等算数科における教員の授業実践能力向上」が研修の目的を達成しているかどうか、参加者が研修で何を学んだと感じているか、研修は省察力の向上に効果があったかどうか、Kirkpatrick の研修評価モデルを用いて考察する。Kirkpatrick の評価モデル（表 4-2）は研修評価の枠組みとして広く用いられているものである（教職員支援機構, 2018）。

表 4-2　Kirkpatrick の４レベル研修評価枠組み

評価レベル	評価指標・評価方法
1　反応 Reaction	受講直後のアンケート調査等による参加者の満足度評価
2　学習 Learning	筆記試験・レポート、パフォーマンステスト等により、研修前後の参加者の知識・技能・態度等を評価
3　行動 Behavior	受講者へのインタビューや他者評価により、研修前後の参加者の行動変容を評価
4　結果 Results	研修による参加者実務へのインパクトの評価

（五十嵐, 2020; Kirkpatrick & Kirkpatrick, 2016 参照）

評価レベル 1 は研修の満足度を尋ねるものである。研修を好ましいものと思わなければその後の理解や行動変容は期待できないという理由で、評価の第 1 段階とされる。レベル 2 は研修によって得られた知識、技能、興味関心といったものを評価するが、それは参加者の行動変容、研修活用の度合いというレベル 3 にも影響する。レベル 4 はレベル 3 の結果、すなわち、研修成果活用によって業務にもたらされた成果ということになる（米原, 2014）。Kirkpatrick の 4 段階研修評価を本邦研修に当てはめたものが表 4-3 である。

本邦研修に参加した研修員が、帰国後、より積極的で、効果的な支援者として業務を遂行し（レベル 3）、その結果、教師の授業実践力量向上、初等学校生徒の算数学力向上という波及効果がレベル 4 となる。しかしながら、本邦研修では行動変容（レベル 3）やインパクト評価（レベル 4）が困難なことから、利用可能なデータをもとに、レベル 1、レベル 2 の評価に絞った。

表 4-3　本邦研修評価の枠組み

レベル	定義名称	概要	使用データ
1	反応 Reaction	研修に対して満足したか	研修評価アンケート
2	学習 Learning	授業研究の理解が深まったか 授業省察力が向上したか	研修評価アンケート 算数授業ビデオ評価
3	行動 Behavior	授業研究に積極的に参加し、授業検討会での省察を学びのあるものにしているか	――
4	結果 Results	研修成果を活用した結果、授業研究が普及し、教師の授業実践、生徒の算数学力が向上したか	――

（筆者作成）

2　研修満足度：レベル 1（反応）の評価結果と考察

データ：本邦研修終了時に実施した研修プログラム評価アンケートを用いた。評価データのうち、研修の単元目標に照らして、研修参加者が達成度、満足度を4段階評価した項目、また自由記述にみられる改善のアイディアを分析した。

結果

研修期間が 1 週間と短かったカリキュラム局長 2 名を除く 14 名による評価

結果を表4-4に示す。案件目標達成度、単元目標達成度、研修デザイン満足度の評価は総じて高いレベルにある。研修デザインの評価は、参加者の学びを促す環境の評価であるのに対し、単元目標達成度は、自らの学習成果を自己評価したものと言える。どちらも高い評価値を示している。

表 4-4　研修終了時アンケート評価結果

案件目標達成度評価		平均	4	3	2	1
	案件目標を達成できた	3.6	8	6		
単元目標達成度評価		平均	4	3	2	1
単 1	南アフリカの学習者が算数において獲得すべき知識・技能・態度を明確にする。	3.7	9	4		
単 2	知識・技能・態度を高めるような授業を開発する能力が強化される。	3.7	9	4		
単 3	授業研究を通じて教員の現職教育をどう実現するかを理解する。	3.7	9	4		
研修デザイン満足度評価		平均	4	3	2	1
Q1	研修プログラムデザインの適切さ	3.7	10	4		
Q2	他の研修参加者からの学び	3.7	10	4		
Q3	視察や実習など直接的な経験を得る十分な機会	3.6	9	5		
Q4	討議やワークショップに主体的に参加する機会	3.7	10	4		
Q5	講義の質の高さ、理解のしやすさ	3.6	8	6		
Q6	テキストや研修教材の満足度	3.7	10	4		
Q7	目標達成のためのファシリテーションの適切さ	3.6	9	5		
Q8	研修期間の適切さ	長い 2		適切 11		
Q9	参加者人数の適切さ	——		適切 14		

（注：最高 4、最低 1　n = 14）

（出典：JICA, 2017d より筆者が平均値算出）

考察

研修員は日本で初めて見聞し、体験することで新たな知識やスキルを獲得したと感じている。研修プログラムの改善点として指摘されたのは通訳の問題であった。5名（F, I, L, M, N）の研修員が通訳の難しさについて言及していた。

本邦研修で配置される研修管理員は、事前に研修資料や関連資料を読んで準備をするものの、スピードが要求されるディスカッションや質疑応答の場面での通訳は容易ではない。本邦研修における通訳の問題は他の研修コースでも報告されているが（金川ほか, 2007）、研修員の母語と研修で使用する言語が同じではない場合と、本研修のように内容の理解が言語に依存し、専門性が高い場合とに分けられる。研修の満足度、研修効果をさらに高めるためにも、通訳に頼ることなく研修を担当できる日本人講師を見つけることは本邦研修にとって共通の課題である。

３　授業省察力：レベル２（学習）の評価結果と考察

Kirkpatrick のレベル２の評価指標・評価方法は「筆記試験・レポート、パフォーマンステスト等により、研修前後の参加者の知識・技能・態度等を評価」することを推奨している。以下の**研究１**は「研修前後の記述の比較によって、省察する際の内的基準枠（授業の見方）が変わった」ことの検証である。**研究２**は研修前後の比較ではないが、研修を経ることによって明らかに省察力の向上が窺われることを「研修プログラム評価アンケートの自由記述の分析」から明らかにしたものである。

研究１：授業ビデオ・クリップに対する評価（研修前後の比較分析）

研修では研修開始時と研修終了時にベースライン評価、エンドライン評価を行っている。アメリカの小学校4/5年生を対象にした分数の授業ビデオ・クリップ８編を視聴し、最も効果的だと思う授業、最も効果的ではないと思う授業を選び、選択した理由を記述するものである。効果的・非効果的授業として選択した理由の記述を授業省察力とみなし、省察量（a. 記述量）、省察内容（b. 記述内容）、省察レベル（c. 記述レベル）を研修前後で比較分析し、授業省察力の変化を分析した。分析の枠組みを表4-5に示す。

表 4-5　授業省察力の分析枠組み

分析事項	研修前 / 研修後比較
①効果的・非効果的授業の選択	選択結果
②効果的・非効果的授業の選択理由記述	a）省察量
	b）省察内容
	c）省察レベル

8 編の授業ビデオの特徴を表 4-6 に示す。

表 4-6　授業ビデオ・クリップの特徴

教師	教師と学習者のやりとりの特徴	教材の使用
T1	学習者はキャンディを使い、教師は分母、分子の考え方を発展させるために閉じられた質問をたくさんする。	キャンディ
T3	教師は学習者、ブロックを使用して分母、分子を説明。その過程で閉じられた質問をたくさん発して学んだことを思い出させている。	生徒・ブロック
T4	学習者は紙片を操作し、教師は閉じられた質問をしながら、分母を同じにする必要があることを思い出させる。	OHP 上に紙片を映す
T5	教師は、生徒に頻繁に質問を投げかけながら、解答の理由を聞き黒板で異分母の分数の足し算を説明する。	なし
T7	等しい分数を教えるため、教師がたくさん質問を投げかける一方（考える時間を十分に与えつつ）、生徒は円形の紙を折って考える。	円形の紙を折る
T10	モニターでピザの写真を見せながら、分母と分子の概念を説明する。生徒は教師の閉じられた質問に全員で答える。	モニターにピザ
T12	黒板に円を 5 つ描き、そのうち 2 つを塗りつぶして、分子と分母を説明する。質問もなく、生徒を参加させることはない。	なし
T14	教師は、分数の足し算を説明するため、たくさん質問をして既習知識を思い出させている。	なし

（授業ビデオをもとに筆者作成）

①効果的・非効果的授業の選択

結果

研修前後の授業選択結果は表 4-7 に示すとおりである。

表 4-7　研修前後の効果的・非効果的授業選択結果

		T1	T3	T4	T5	T7	T10	T12	T14	計
効果的授業	研修前	2	1	0	0	3	1	2	4	13
	研修後	0	2	1	2	6	0	1	1	13
非効果的授業	研修前	3	0	0	5	0	2	2	1	13
	研修後	2	1	0	2	0	3	4	1	13

(n = 13)

研修前:「最も効果的な授業」として指導主事(13名)が選んだのはT14(4名)、T7 (3名)、T12 (2名)、T1 (2名) と拡散している (表4-7)。上位のT14とT7はともに教師が生徒に多くの質問を投げかけており、生徒と教師のやり取りが活発な授業である。教師の質問を見ると、T14は「閉じられた質問」、T 7は「開かれた質問」という違いがある。

「最も効果的ではない授業」は、T5(5名)、T1(3名)が上位に上がっている。T5は教師がホワイトボードに書いた異分母の足し算を、生徒に閉じられた質問を投げかけながら解くものである。T1は色の違うキャンディを素材に、集合の一部として分数を教えている。

研修後：T7を効果的と考える指導主事は13名中6名に増えており、「効果的な授業」のイメージを共有する者が多くなっていることがうかがえた。研修後はT12、T10を非効果的とする研修員が少し増えているが、ともに教師が説明し生徒が聞くという授業スタイルであった。また研修前、T5は異分母の通分の規則を教えているだけとして最も非効果的とされたが、研修後は最も効果的として評価する者が2名いた。T5を非効果的と評価した研修員は、この授業を、教材教具を使わず教師が一方的に話し、生徒は問題を解くだけの授業とみている。それに対して、効果的と考える研修員2名は、T5と生徒のやり取りに注目し、T5が答えに至った理由やプロセスを問いかけ、生徒に答えさせていることを評価している。こうした教授行動が生徒の理解を助けるだけでなく、生徒の理解度を確かめる上でも必要かつ有効であることは、授業参観、模擬授業において研修講師が指摘していた。

②選択理由の記述分析

(a) 省察量

結果

省察量が増えるということは、観察に基づき、授業の長所、改善点をより具体的、詳細に説明することを学んだと理解できる。森・中井(2020)にならって、選択の理由の記述量を単語数でカウントし、研修前後で比較した。

表4-8をもとに、研修前後の省察量の差を分析した[11]。その結果、「最も効果的な授業の理由」の単語数の研修前後の差は有意($t=-3.1$, $p<.05$, ES: $d=0.84$, $1-\beta=0.80$)であり、研修後、省察量が有意に増加していた。効果量(Cohen-d)は充分に大きく、検定力も満足のいく水準にあった。「最も非効果的な授業の理由」については、研修前後の省察量の差は有意であり($t=-5.4$, $p<.001$, ES: $d=1.4$, $1-\beta=0.99$)、効果量、検定力ともに極めて大きかった。

表4-8　研修前後の省察量の差（単語数）

	最も効果的授業の理由記述語数		最も効果的でない授業の理由記述語数	
主事	研修前	研修後	研修前	研修後
A	30	31	6	27
B	19	32	27	23
C	10	61	37	78
D	35	88	18	71
E	37	57	14	79
F	9	46	8	68
G	77	50	24	73
H	38	33	7	8
I	14	16	17	19
J	43	62	16	63
K	27	69	15	63
L	27	49	8	46
M	20	47	10	39

(b) 省察内容

結果

指導主事の省察の内容に変化があるかどうかを調べるため、効果的・非効果的授業を選択した理由を検討した。先行研究（Ono, Chkamori & Rogan, 2013）を参考に、コーディング・マニュアルに基づいて記述データは1つの意味を表す単位で分け、それぞれにコードを付した。集計結果を表4-9に示す。

集計結果をもとに、研修前後で挙げられた理由をχ二乗検定で比較した[12]。その結果、研修前後での理由の割合には有意差が認められた（χ^2=18.166, df=3, p<.01, Cramer's V = 0.416）。残差分析から、研修後は「D：授業の目標やカリキュラムの目標の達成（思考力・創造力、概念的理解）、目標との齟齬」が有意に多いのに対し、「A：学習指導方法や指導技術」、「E：マネジメント、ロジスティックス、教材・教具の使い方」が有意に少なかった（p<0.5）。

表4-9　算数授業選択理由分析カテゴリー

	定　義	研修前		研修後	
		効果的	非効果的	効果的	非効果的
A	学習指導方法や指導技術	13	6	5	9
B	教師の振るまい、教師の特徴、コミュニケーション	2	1	0	2
C	児童が経験した学習、児童の振る舞い、児童間の相互作用	2	4	5	10
D	授業の目標やカリキュラムの目標の達成（思考力･創造力、概念的理解）、目標との齟齬	3	1	18	10
E	マネジメント、ロジスティックス、教材・教具の使い方	9	2	6	2
	合　計	29	14	34	33

研修前：選択の理由は「効果的授業」29件、「非効果的授業」14件が抽出された。「効果的な授業」を評価する際の理由は「A：指導学習方法や指導技術」（13件）、「E：マネジメント、ロジスティックス、教材・教具の使い方」（9件）が

上位を占めた。それに対して「非効果的な授業」の理由としては「A：指導学習方法や指導技術」(6件)、「C：児童が経験した学習、児童の振る舞い、児童間の相互作用」(4件)であった。効果的な授業の評価視点は目に見える教師の行動に偏っていること、一般的な指導法の記述が多かった。

研修後：「効果的授業」34件、「非効果的授業」33件の選択理由を抽出した。省察量(語数)も増えており、理由の説明がより具体的になっていることがわかる。また理由は効果的授業、非効果的授業ともに、「D：授業の目標やカリキュラムの目標の達成(思考力・創造力、概念的理解)、目標との齟齬」に関係するものがそれぞれ18件、10件と最も多くなった。研修後は、「分数の授業」であることをより意識して、授業目標を達成しているかどうかを観察評価していることがうかがえる。また、研修後は非効果的授業の理由記述数が研修前よりも2倍以上増えており、理由のカテゴリーも「A：学習指導方法や指導技術」(9件)、「C：児童が経験した学習、児童の振る舞い、児童間の相互作用」(10件)、「D：授業の目標やカリキュラムの目標の達成(思考力・創造力、概念的理解)、目標との齟齬」(10件)と多岐にわたっている。

考察

研修の結果、授業目標に留意する重要性を学んだだけでなく、授業観察の視点が豊かになったこと、授業観察の際、子どもの視点や行動に注意を払うようになったことが見て取れる。

南アフリカの初等算数教育においては学習者の概念的理解に課題があるとされ(DBE, 2018)、本邦研修に参加したDBE職員が機会をとらえてその重要性を強調していた。また、現場経験が豊かな日本の研修講師は、分数の様々な概念を紹介し、学習者の発達段階、思考のプロセスを踏まえて、分数概念を教えるのに適した教材教具、発問の工夫が必要なことを体験的に伝えている。こうしたことも省察の内容と関係があるかもしれない。

(c) 省察レベル

省察が授業改善、教師の成長に役立つものかどうかは省察のレベルに依存する。研修によって単なる記述から脱却し、行動指向的なものへと省察が変容しているかどうか、省察度のレベルの判定を試みた。効果的ではない授業の省察量において研修の効果が大きかったこと、回答者は指導主事であり、授業研究のファシリテーター、助言者の役割が期待されていることから（JICA 2017a, 2019）、非効果的な授業と判断した理由に注目した。省察度レベルを分析するツールとして、Ono, Chikamori, & Rogan（2013）の開発した省察度ルーブリックを参考にした（表 4-10）。このツールは途上国の授業検討会での省察のレベルを測るために開発されたものであり、南アフリカの指導主事を対象とする本研究には適していると判断した。

表 4-10　省察のレベル評価ルーブリック

省察レベル	省察の内容
レベル 1	見たことの描写のみ。簡単あるいはあいまいなコメント。
レベル 2	描写とコメントは説明、理由あるいは原因を述べる。簡単な提案が含まれることもある。
レベル 3	コメントは洞察に満ち、コメントの重要さの兆候を含み、提案は具体的で行動指向的である。
レベル 4	コメント、提案は優れた実践やカリキュラム目標、理論と結びつけられている。

(Ono, Chikamori, & Rogan, 2013, p.60)

結果

表 4-11 は、研修前後で効果的・非効果的授業の選択が同じであった指導主事 L の解答例である。省察度は、研修前は見たことの描写のみであることからレベル 1（L1）と判断される。それに対して、研修後は、省察量が増えているだけでなく、省察の内容が生徒の概念的理解に向かっている。記述は描写とコメントが含まれ、判断の理由の説明が含まれる。しかし、どのように改善すべきかという提案は含まれていない。よって Level 2（L2）と判断した。

表 4-11　指導主事 L の研修前後の省察内容の変化

	研修前	研修後
非効果的な授業	T5：規則だけ。分数を教える従来のやり方。(L1)	T5：教師中心のアプローチ。課題に基づいた教授法ではない。生徒は数字を与えられて足すだけ。授業は規則に基づくもので生徒はそれを覚えなければならない。何をしているか理解することなく、最小公倍数を見つけて分母を変換しないといけない。(L2)

(JICA, 2017e, 2017f より筆者訳出)

教科指導主事らが非効果的と判断した授業は、彼らの視点から見て課題が多い授業と考えることができる。授業改善のためには、より具体的で実践的なアドバイス、提案を含むレベル 3 (L3) 以上であることが望ましい。ルーブリックを用いた省察度評価の結果は表 4-12 の通りである。研修後、13 人中 9 人の教科指導主事は省察レベルが向上している。研修前の理由は、1 文のケースも多い。たとえば、「A：正直、どの授業も効果的ではない、特に茶色のパンツスーツを着た女性」、「F：全員の子どもが授業に参加しているわけではない」、「H: もっと具体物を使って説明すべき」というようなものである。教授法にかかわる一般的なコメントが多く、分数の授業であることがわかるコメントは 3 名のみであった。

表 4-12　効果的でない授業の省察レベルの比較

指導主事	研修前	研修後	指導主事	研修前	研修後
A	L1	L2	H	L1	L1
B	L2	L2	I	L1	L2
C	L1	L2	J	L2	L2
D	L1	L2	K	L1	L3
E	L1	L2	L	L1	L2
F	L2	L2	M	L1	L2
G	L1	L3	―	―	―

考察

研修前の教科指導主事の回答は、L1が多く見られ、L1は授業研究の経験の無い教師の授業検討会でのコメントと大差はない。授業検討会でこのようなコメントが繰り返されると、「スパイラルな軌跡を描いた改善とはなりえず、同じレベルでの円運動となりがち。いずれはその運動も停止し、単なる茶話会や雑談の場となる可能性がある」(又地・菊池, 2015, p.101)。授業研究を定着させるためには、授業研究を実践しながら意識的に省察の質を高めていく他はない。

森・中井(2020)は省察量が省察の深さを反映するものではないと指摘したが、その傾向は本研究においても観察された(例えば、C、D、E、F、J)。研修後の記述量は多いものの、授業改善につながる具体的なアドバイスや提案が見られなかった。その理由の１つは、使用した省察度評価ルーブリックの性格によると思われる。Ono, Chikamori, & Rogan (2013)のルーブリックは実際の授業検討会を念頭に開発したものであり、授業改善のための実践的で役に立つ提案を重視している。本調査では、回答者は効果的、非効果的と思う理由を記述するように求められたものの、改善のための提案をするようにとは指示されていない。そのため評価が厳しくなったことが考えられる。

研究１の総括的考察

授業研究に主眼を置いた本邦研修が南アフリカの初等算数指導主事の省察力、すなわち省察量、省察内容、省察レベルに一定の効果を及ぼしたことを明らかにした。省察量が増加したことについては、研修前後に同じ調査を実施したことから、調査の趣旨をくみ取りより丁寧に、より多く記述したという可能性は排除できない。また、省察内容・省察レベルの評価は通常は複数の評定者によってなされるものであるが今回は筆者のみが行ったため、評価者としての筆者のバイアスも否定できない。

そうした問題点を考慮しても、省察の内容に研修前後では明らかに差が見られることは、本邦研修によって教科指導主事の授業の見方が変化したことを意味している。研修前は、効果的な授業を評価する視点が具体的な教材の使用、教材を使った活動の有無に集まっていたのに対し、研修後は、どう生徒の概念理解を促すかに関心を向け、教師による一方的な語り、知識の伝達を非効果的な授業と判断する理由に挙げている。教授法一般のコメントから、算数、分数を意識したコメントへと変化していたということができる。

研究２：授業観・省察力の深化（自由記述の分析）

研修プログラム評価アンケートでは、最も有用であった研修科目、日本での学びとその活用について自由記述で尋ねている。自由記述の分析から、研修参加者がどのような学びを得たと感じているかを分析した。

自由記述データは、意味のまとまりで切片化し、紙片に記入した。記述を熟読し、意味内容が近いものをカテゴリーとしてまとめ、名称を付した。カテゴリーの比較から上位のカテゴリーに抽象化できるかを検討し、上位カテゴリーにまとめカテゴリー名を付与した（表 4-13）。

結果

本邦研修で学んだこと

表 4-13 は、評価アンケートのうち、研修を通じて学んだ知見の中で、「自国の課題解決に貢献しうる知見（手法、業務・組織、制度、概念）、技術、技能」として研修員が挙げたもの、及び３つの単元目標の達成度評価に関わる記述を分析したものである。その結果、プログラムで得た学びは大きく、「授業のあり方」、「教授行動」、「授業研究」、「カリキュラム」、「教科書」、「教育行政」、「その他」の７つのカテゴリーと 23 のサブ・カテゴリーに分類された。それぞれのカテゴリーに対応する代表的な記述例を記載した。

表 4-13　本邦研修で学んだこと

カテゴリー	サブ・カテゴリー	具体的な記述例
授業のあり方	概念の理解・概念形成(11)	(南アフリカでは) 手続きを教えるだけで答に至った理由を説明しないことが多い。概念的理解は学習者にどうしてその答なのかを考えさせる。(G)
教授行動	学習活動選択の重要性	教材開発や授業案作りでの議論で、教材や活動の選択次第で学習が阻害されてしまうことに気がついた。(L)
	具体的操作活動(2)	身近な例を用いて具体的な操作物を使い、子どもの概念形成に導いていく授業方法。(J)
	発問、問いかけの重要性(3)	教師の発問で学習者は (既存の知識を活用して) 新しい知識を発見し構築していく。それが将来の授業で活用される。適切な発問をすることが非常に重要になる。(B)
	黒板使用(2)	事前に板書計画が必要であること、学習者が参照できるように板書は授業の最後まで消さずに残しておく必要があることを附属小の先生が示してくれた。(L)
	授業導入の工夫(2)	1年生の授業の冒頭、身近な問題を提示して子どもの意見を出させる工夫。(K)
	授業構成	(1つの例を用いて、学習者の考えを精査するような発問で学習者が知識を構築することによって)、教師は学習者の考え方を理解し、学習者から学ぶだけでなく、学習者同士から学ぶ。(M)
	単元学習(2)	単元学習は授業のつながりを意識して教えるようになり、概念理解が深まる。(I)
授業研究	生徒の躓き	生徒の躓きを特定し、その解決を協働して行う。(L)
	教師の協働(2)	孤立した環境で教える教師、教師の教授法の問題などを解決するのに有効。(F)
	実践力量改善	学習者のために算数の実践力量を改善する。(C)
	振り返りの重要性(2)	授業の後、共同で振り返ることで授業中に犯したかもしれない間違いをただすことができる。(I)
	振り返りの難しさ	共同で計画し、振り返るのは成熟さと感情的知性が必要。(F)
	グローバルな授業研究コミュニティ(4)	WALS参加：多様な形式の授業研究がいろいろな国でグローバルに実践されていることが分かった。(M)
	ファシリテーション(2)	検討会での議論を方向付ける上ではファシリテーターの役割が非常に重要である。(F)

カテゴリー	サブ・カテゴリー	具体的な記述例
カリキュラム	編成見直し作業	カリキュラム見直しのプロセスが体系的でデータに基づいている。(N)
	教科書との関連(2)	意図したカリキュラムと教科書の関係。(P)
	育成しようとする知識・技能・態度	各学年で何を教えるかにしか関心がなかったが、カリキュラム分析で南アフリカのカリキュラムがどのような知識・技能・態度を育成しようとしているのかが理解できた。(B)
教科書	教科書の質	南アフリカの教科書分析で、概念形成に資するためには教科書の質を上げる必要がある。(L)
	教授学習リソース	教科書は教授学習のための重要なリソースである。(L)
教育行政	現職教員研修システム(4)	体系的で継続的な研修システムを持っている：初任者研修、経験年数による研修、専門性を高めるための研修など。(P)
	アカウンタビリティ	データに基づいて(学力向上に)介入するアプローチ。(O)
その他	職務への取り組み方	学校がどう組織され、授業研究がどう実施されるか、皆がどのように協力するか、こうしたことすべてが特筆に値する。(H)
		この研修で得た知識はすべて極めて有用。(D)

(注：サブ・カテゴリーの（）内は記述数、記述例の（）内アルファベットは研修員を示す)

考察

自由記述から研修員らが新たな思考・認識を獲得したことが分かる。また、その書きぶりからほとんどすべての研修員が帰国後、授業研究の導入、実施に対して意欲的であることがうかがえた。

> 「授業研究を実施するにあたって、同僚と(知識・技能を)共有し、指導することができる自信がある。」(B)

研修員は本研修で大いに学びがあったと感じているが、どのような研修体験がそうした評価に貢献したのだろうか。結論を先に述べると、実際の授業参観と、教材研究・授業案作成・模擬授業・授業検討会というサイクルを研修の中核に位置づけたことにある。そのことについて「算数授業のあり方」(概念の理解・概念形成)および「授業研究」という２つの観点から具体的に考察する。

● 算数授業のあり方

まず、「算数授業のあり方」という観点については、研修を通じて「概念の理解、概念形成」を主眼とした授業を目指すべきである、という共通理解を再確認している。これはDBEが政策文書でも強調していることであり、DBEの公的な立場である。しかし、それを授業でどう実現するのか、どのような授業が子どもの概念形成を促す授業なのか。この課題に大きなヒントを与えたのが、附属小学校での1年生の算数授業であったと思われる。これは「ひきざんをたのしもう」という授業で、研修第1週目の木曜日に研修員16名で参観した。研修員の授業行動に関する学びの記述の多くがこの授業での観察に基づいている。それは研修のねらいでもあった。

この授業の目的は引き算単元での「求残」の理解である。授業の概要を述べる。1ダースの鉛筆という身近な具体物を用いて、子どもの多様な考えを引き出す授業の導入部分の工夫、1つの問題（教師が鉛筆を3本取り出す）を解くことで求残の意味を理解させようとすること、子どもの思考を予想した様々な思考を引き出す具体的な問いかけ（「何本残っている？」）、子ども同士の思考の交流と論議の教師による焦点化（板書「3本とった」）、本時の焦点化した課題提示（黒板にカードを貼る。「1ダースのえんぴつがあります。3本とるとなん本になりますか。」）、子どもが各自ノートにこの問題の式を書く、という展開であった。このような具体的な操作活動によって、子どもは「求残」に続いて「求補」、「求差」を学び、引き算の概念を習得していく。

午後、大学に戻ってから授業参観を通して学んだことを振り返り、グループで共有した。子どもの積極的な学習への参加に研修員は目を見張っていたが、振り返りの中で、それを可能にした教材研究を中心とした授業準備の指摘があった。この授業参観の経験が、第2週の分数についての教材研究、教材開発を有意義にしたと思われる。なお、次の週に、この授業の展開方法についての説明が講師（退職校長）によって行われた。

● 授業研究

次に「授業研究」についてである。授業研究についての学びは教師の協働、学習者の躓きの解決、授業実践力量改善、振り返りの重要性、振り返りの難しさ、ファシリテーション、グローバルな授業研究コミュニティという７つのカテゴリーに分類された。「授業研究」についての表現は多少ことなるものの、研修員の約半数（A、B、C、F、G、I、L）は「授業を通じて、概念的理解を促すこと」を挙げ、授業研究によってそうした授業実践力の形成を課題としている。

「模擬授業とその後の授業検討会は、校内研修としての授業研究を実際に観察することで得た知識や技能を実際に活用する機会を与えてくれた。学習者の思考を促すような授業を開発するには十分に考え尽くす必要があること、学習教材は、提示されたトピックについて深い概念の展開を促すようなものでなければならないことに気が付かせてくれた。模擬授業では使用する教材次第で意図した授業も損なわれることがあることが分かった。」(L)

また、模擬授業とその後の授業検討会での経験から、ファシリテーターの役割を強く意識したコメントも見られた。研修員の教科指導主事としての役割の重要性と可能性を記述している。

「授業検討会をどのようにファシリテートするかというテーマの研修があったらよかったのにと思う。参加者が活動（検討会）から最大限の効果を得られるように、ファシリテーターにはある種のスキルが必要だと思うから。」(L)

「模擬授業から実に多くの事を学んだ。模擬授業は実践的に学びを深めてくれるから。共同して授業を計画したり、リフレクションの時に批判に対して心を開くことは、成熟さと感情的知性（emotional intelligence）が必要とされることが分かった。参加者の議論を導く上ではファシリテーターの役割は非常に重要だと思う。研修でファシリテーター役を経験することができたらよかったと思う。」(F)

ファシリテーターやファシリテーションへの注目から、少なくともＬとＦは、本邦研修で得た授業研究の知識を同僚と言語で共有するだけでなく、授業参観とその後の授業検討会に参加して実践的に授業研究を南アフリカの教師と共有しようと考えていることが分かる。授業検討会で批判的に授業を振り返ることの難しさ（F）や、学習教材の重要性への言及（L）は、本邦研修での経験がきっかけとなって自身の経験や環境を振り返ることで生まれた研修員らの新たな気づきである。

以上、本章ではKirkpatrickの研修評価モデルに基づいて分析考察した結果、「研修によって授業研究支援者としての教科指導主事の授業省察力を高めることができる」ことを明らかにした。

注

9　本章は、下記論稿をもとに執筆した。
小野由美子（2022a）「南アフリカ共和国初等算数指導主事の授業省察力育成の試み」『鳴門教育大学国際教育協力』第15号, 33-39.
小野由美子（2022b）「授業研究を支援する南アフリカ中核人材の育成―南アフリカ国別本邦研修プログラムの評価―」『共生科学』, 13, 55-71.

10　このうち、ベースライン評価、エンドライン評価に回答したのは教科指導主事12名とDBEカリキュラム局職員1名の計13名である。DBEカリキュラム局職員は2017年4月に採用される以前は教科指導主事であったので、分析においては教科指導主事に含めた。

11　G*Power 3.1.9.7を使用した。

12　js-STAR XR release 1.1.3jを使用した。「カテゴリーB：教師のふるまい・特徴・コミュニケーション」は数が少ないため、分析からは除外した。

第5章　研究のまとめと今後の課題

第1節　本研究のまとめと成果

本研究の目的は「MSSIでは、なぜ、授業研究を現地に定着させることができなかったのか、授業研究はどうすれば定着させることができた（る）のかを解明すること」である。

その目的を達成するために、本研究では以下の３つの研究課題を設定した。

研究課題1：授業研究を校内研修として位置づけ、継続させるには、授業研究に対する行政の意識変革と行政的な条件整備が不可欠であることを明らかにする。（第2章）

研究課題2：授業研究を通して授業実践力が向上したことを定量的・定性的分析によって考察し、「省察力を高める」授業研究の構成要素を明らかにする。（第3章）

研究課題3：授業研究にとっては授業研究支援者の存在は不可欠であり、その役割を広く担うのは南アフリカにおいては教科指導主事である。研修によって教科指導主事の「授業省察力」が高まることを実証的に明らかにする。（第4章）

本節では、研究課題に対する結果を示し、研究のまとめとする。

研究課題１：授業研究を校内研修として位置づけ、継続させるには、授業研究に対する行政の意識変革と行政的な条件整備が不可欠であることを明らかにする。

MSSIは日本による初めての対南アフリカ国際教育協力プロジェクトであった。MSSIはムプマランガ州教育省をカウンターパートとして、「州内に校内研修制度を定着させ、授業研究を継続的に実施すること」によって、「州内の理数科教員の指導力が向上すること」を目標とした。プロジェクト終了後も見据えて、「校内研修制度の定着」をより重視したが、2006年3月のプロジェクト終了時にはその目標を達成することは出来なかった。

教育政策移転理論（Phillips & Ochs, 2003, 2004）は、1）政策移転には借用と貸与があること、2）政策移転を引き起こす文脈の存在、3）移転の4段階モデル、を提起した。教育政策移転理論に依拠すると、南アフリカへの授業研究の移転は、日本の「貸与」による移転とみなすことができる。その場合、移転先であるムプマランガ州教育省の主体性は低い。1999年当時、南アフリカの喫緊の教育課題は、民主化の象徴としての新カリキュラム（C2005/OBE）の導入、アフリカ人教師の能力強化であった。アパルトヘイト下で旧ホームランドを多く抱えるムプマランガ州教育省はアフリカ人教員がほとんどであり、新カリキュラム導入のための現職教員研修を必要としていた。平等、公正を重視するムプマランガ州教育省は、実施に当たっては、州内のすべての中学校・高校を対象に事業を実施することを主張した。そのため、試験的に一部の学校で実施するパイロット校方式を採らず、大規模なカスケード方式で校内授業研究を学校に根付かせようとした。

日本側（JICA）が提供したのは校内授業研究であるが、州教育省、CI、教員にとっては「学校ベースの継続的現職教員研修」というソフトイノベーションであった。ロジャーズのイノベーション普及理論では、ユーザーである州教育省、CI、教員が授業研究をどう知覚するかが普及に影響するとされる。日本で生まれた授業研究は、今日では国境を越えて盛んに借用が行われているが（Huang & Shimizu, 2016; 荻巣, 2019; 小野, 2019; Seleznyov, 2018）、1999年当時、授業研究（Lesson Study）は南アフリカではほとんど知られていなかった。また「モノ」（ハードウエア）ではなく、教師の教科指導力を改善するための研修アプローチ（ソフトウエア）である授業研究は、繰り返し実践されることにより効果を発揮する。授業研究は複数の教師が時間をやりくりして集まることが必要で、どこでも、すぐに試行できるわけではない。そのため効果の「観察可能性」も低く、授業研究の相対的優位性が低いため、イノベーションとしては、普及の難しい政策であった。

ムプマランガ州教育省カリキュラム局は新カリキュラム導入研修として理数

科教員の研修に関心があり、研修を実施するCIの能力強化に固執したが、現職教員の継続的な研修制度への関心は高くない。第1フェーズ終了時点で、外部評価によって、ムプマランガ州としての教員政策がなく、MSSIの位置づけが不明なうえ、州教育省のオーナーシップが見えないと指摘されていた（Ofir, 2002）。MSSIでは、州教育省による校内研修制度の定着のイニシアチブやバックアップが著しく乏しい中で、校内授業研究の慣行化（活動の定着）をCIと校長の熱意に託した。換言すると、MSSIは、校内研修制度という「入れ物」を作る仕事を、学校で実施されるカリキュラム（implemented curriculum）の質を高めるため、教師を支援する「活動」が主務のCIに依存したのである。

南アフリカが国としての教員政策の枠組みを打ち出したのは、MSSIが終了した2006年であった。「南アフリカ教師教育および開発のための国家政策枠組み」（The National Policy Framework for Teacher Education and Development in South Africa, 2006）の骨子は、「教師自らが授業実践を核として研修を深めること、教育行政はそのための環境整備に義務を負うこと、ただし研修成果・実績に関してはアカウンタビリティが求められる」というものである。南アフリカの実態を踏まえればこうした政策が短時日で実現できるとは思われないが、行政の校内授業研究への理解、関心や期待はMSSIが開始された時と比べればはるかに前進していることが窺い知れる。教育移転のスペクトラム（図1-2, p.26）で示すと、3から「4　目的を持った借用」へとシフトしていると言って良い（図5-1）。

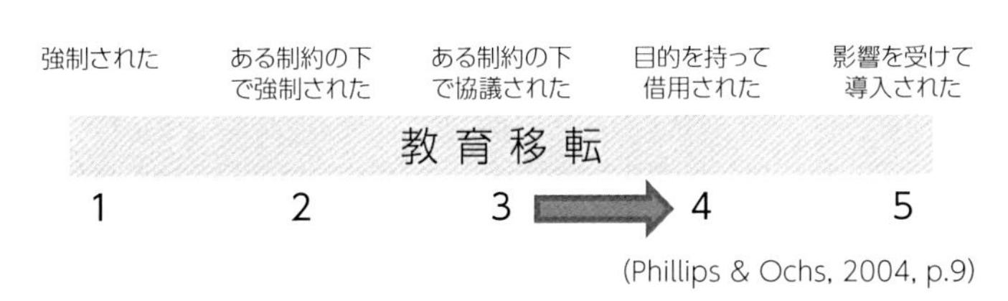

図5-1　教育移転のスペクトラムのシフト

研究課題２：授業研究を通して授業実践力が向上したことを定量的・定性的分析によって考察し、「省察力を高める」授業研究の構成要素を明らかにする。

MSSI 第２フェーズ（2003-2006）では、クラスターにおいて授業研究が実施されることを狙った。その背景には、理数科教員が１人しかいない学校では授業研究が難しいことに加えて、高校（FET）での成績評価方法の変更で同一教科を教える教員から成るクラスターを作る必要性が生じたことによる。クラスターでの授業研究の学びをどのように学校レベルまで確実に届けるのかについては、プロジェクト終了まであいまいなままであった。

本邦研修の実施機関である鳴門教育大学では、研修で開発された教材が学校に届かないこと、仮に届いたとしても教室でほとんど使われたことがない、ということに懸念を抱いた。第１フェーズ同様、第２フェーズでも州内の全中学校・高校を対象としており、南アフリカでの日本側のインプットは、クラスターリーダー（CL）を集めた CL 研修までであった。そこで、限られた日本側のインプットを最大化するために、CI とともに現職教員でもあるクラスター・リーダー（CL）を本邦研修に招聘し、授業研究に特化した研修を実施した。中核となる CL を育て、勤務校と所属するクラスターで授業研究を実施することを意図したものである。

2004 年 11 月から 12 月にかけて実施した本邦研修には３人の FET レベルの CL（数学・物理科学・生物）と FET 担当 CI が参加した。本邦研修では教科別にチーム（CL・CI・研修担当大学教員）を作り、教材研究⇒学習指導案作成⇒模擬授業⇒授業検討会のサイクルを２度繰り返して、県立高校での研究授業に臨んだ。２度の模擬授業・検討会を経て県立高校で研究授業を実施した CL である生物教師 Z の変容は、授業研究が「省察力」を高め授業改善を生み出す典型例である。Z の事例を一つの手がかりとして「授業省察力」を高める授業研究の６つの構成要素を明らかにしたが、とりわけ重要となるのが「授業研究における支援者」の存在である。研修は教科指導主事を「授業研究の支援者」として育成できるか、検証すべき問いが生まれる。

研究課題３：授業研究にとっては授業研究支援者の存在は不可欠であり、その役割を広く担うのは南アフリカにおいては教科指導主事である。研修によって教科指導主事の「授業省察力」が高まることを実証的に明らかにする。

2017年に鳴門教育大学で実施した本邦研修によって、研修は研修参加者である南アフリカ初等算数指導主事の授業省察力を高めることができたかどうかを、Kirkpatrickの4段階研修評価モデルに基づいて定量的、定性的に分析した。分析結果は表5-1のようにまとめることができる。

表5-1　本邦研修の効果分析結果

レベル	定義名称	評価の視点	使用データ	結果
1	反応 Reaction	研修に対して満足したか	研修評価アンケート	研修満足度は高い
2	学習 Learning	授業研究の理解が深まったか	研修評価アンケート（自由記述）	授業のあり方、効果的な教授行動、授業研究への理解が深まった
		授業省察力が向上したか	ベースライン・エンドライン評価	効果的な授業の見方が変わり、省察レベルが向上した
3	行動 Behavior	授業研究に積極的に参加し、授業検討会での省察を学びのあるものにしているか		
4	結果 Results	研修成果を活用した結果、授業研究が普及し、教師の授業実践、生徒の算数学力が向上したか		

レベル1、レベル2の評価結果から、本邦研修により、南アフリカの算数指導主事が授業省察力を向上させたことが明らかになった。教材研究に基づき、指導案作成、模擬授業、授業検討会というサイクルを体験したこと、日本の算数授業、校内授業研究会を見ることで、南アフリカのそれと比較が可能になり省

察が促されたこと、授業研究の熟達者とともに授業研究のサイクルを経験することが、南アフリカ指導主事の省察力の向上に貢献したと推測された。

以上、考察をまとめると、授業研究の導入・定着のメカニズムは図5-2のようにとらえることができる。

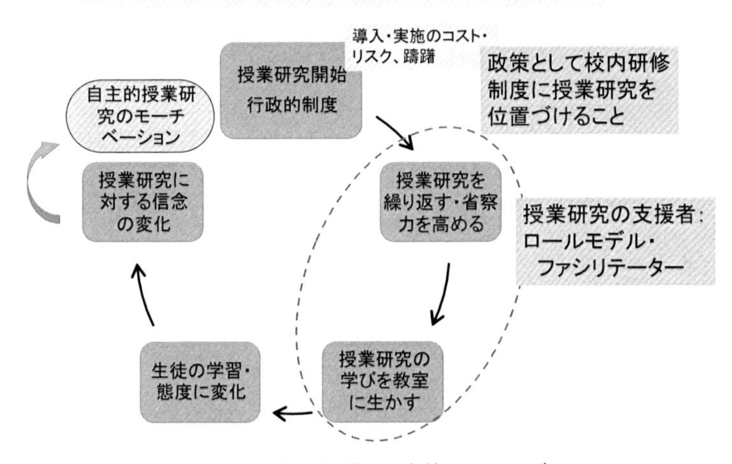

図5-2　授業研究導入・定着のメカニズム

第2節　今後の課題

本研究は、南アフリカへの授業研究の移転を事例に、授業研究が教師の授業実践を改善していく上で有効なアプローチであり得ることを実証した。その過程で、授業研究が有効であるための構成要素についても重要な示唆を得た。授業研究での教師の学びが子どもの学びの改善につながるように、今後の課題として以下を指摘したい。

1　教科指導主事を対象とした継続的な研修の必要性

本邦研修では、研修後、指導主事の授業を観察する視点が変化し、授業目標の達成という視点から授業を評価していることが明らかになった。また、指導主事の省察力も向上しているが、授業観察を踏まえて、授業改善のためにどのような教材や活動が望ましいのか、条件の悪い学校でも可能な活動とはどのようなものかを提言できるところまでは達していない。授業研究の実践を支援しながら、現場の教師とともに具体的、実践的に考えていく必要がある。さらに、本邦研修に参加できる指導主事の数は限られていることから、南アフリカ国内において、算数教科指導主事の授業省察力を高める継続的な研修を計画することも課題である。定期的に、指導主事間で情報共有を行い、大学の教科教育専門家からのインプットも必要かつ有用と思われる。

2　授業研究の成果についての実践的な研究

授業研究のグローバル化により、南アフリカで授業研究にかかわる研究が散見される。しかし、本研究で示したように、授業研究のサイクルを複数回繰り返すことで、教師の実践がどのように改善したかを定量的、定性的に研究したものは少ない。たとえば、Sekao & Engelbrecht (2021) では、授業研究のサイクルを体験した南アフリカ教師へアンケートを実施して、授業研究観を分析した。アンケートは自己評価であり、それによれば教師は授業研究を教師の協働を促すとして好意的であり、共同で授業案を作成することを高く評価している。では、その授業案を実施した結果はどうだったのか、授業目標を達成できたのか。授業の目標が達成されたことを示す、生徒の学びの評価（エビデンス）は何か。それを議論するのが授業検討会であるが、授業検討会に対する南アフリカの教師の評価は著しく低い (Sekao & Engelbrecht, 2021)。教師レベル、生徒レベルでの授業研究の成果を実践に即して検証する研究が、授業研究の普及には不可欠である。

南アフリカに限らず、途上国においては理数科の授業研究が大多数を占めているが、理数科以外の科目においても進められるべきものである。たとえば、特別支援教育を担当する現職教員、教員養成校教員を招聘した JICA 本邦研修では、研修の一部として授業研究が実施されたが、研修員の多くは (10 名中 7 名)、帰国後、研修において授業研究を実施したと回答している (左藤・安藤・四日市, 2018)。授業研究が定着するかどうかは、今後の研究をまたねばならないが、授業研究というイノベーションを移転し普及する際には、普及に影響力のあるアクター（Phillips & Ochs, 2004）を授業研究の支援者として育成する重要性を示唆するものである。また、体育の海外協力隊員が途上国で体育の授業改善のために研修において授業研究を導入した研究もみられるが（白石・岩田・齋藤, 2020）、任期が終わった隊員が去ったあと、制度として定着するかどうかは不明である。

ただ、「貸与」により授業研究を移転した途上国にあっては、研究者の授業実践への関心は高いとは言えず、実践研究は多くない。例外は、ザンビアであるが、ここは、広島大学によるザンビア・プログラムの実施（青年海外協力隊に参加しながら修士学位を取得するプログラム）により、日本人院生、研究者による実践研究が見られる。ザンビアでの理数科授業研究を研究対象とした学位論文、研究論文のうち、本研究に関連のあるものは本研究においても言及した（p.77）。

南アフリカの場合、アフリカ人学習者の読解力の低さも問題として指摘されている（Pretorius & Spaull, 2016; Spaull & Pretorius, 2019）。教育の質測定のための東南部アフリカ諸国連合（Southern and Eastern Africa Consortium for Monitoring Educational Quality: SACMEQ）の調査では、数学学力と読解力との間に相関があることを実証しており（渡邊, 2014）、読解力の改善は数学学力にも貢献すると考えられている。DBEが授業研究を全国的に普及、展開していく際には、すべての教科、とりわけ、初等低学年での言語の授業を改善する上で授業研究のアプローチを推進することが重要であろう。

③ 授業研究支援を促進・抑制する要因への対応

本邦研修で自信を得た教科指導主事は、帰国後、自らの職場で授業研究を推進する意欲を見せていた。しかし、MSSIの第2フェーズでも授業研究に特化した本邦研修を実施し、Zは授業研究の普及に意欲を見せていたが、帰国後、それは実現していない。どのような組織的、行政的な要因が教科指導主事の授業研究支援を促す、あるいは妨げる要因になるのかをモニターし、対応措置が必要であることはもちろんである。

4　教員養成における授業省察力の育成

本研究は、教員自身が授業実践の省察を行うことの重要性と、授業省察力を向上させることが可能なことを明らかにした。しかし、授業省察力は現職教員にのみ求められるものではない。今日、教師を育てる仕事は、教職に就く前から、入職し、教職を終えるまでの全過程を見据えて、長期的な視点から教師の専門的職能発達を捉えるという教師教育（teacher education）の考え方が主流である（今津, 2012）。南アフリカでも教員養成期間を “initial teacher education” と呼んでいることからも明らかなように、長期的な教師教育の考え方に基づいて教師の専門性を向上させようとしている（DHET, 2015）。

民主化後、南アフリカでは教員養成が学士化され、アパルトヘイト下のアフリカ人のための教員養成カレッジの一部を大学に統合した。そのため、当初から教員養成の質の問題が懸念されていた。南アフリカの教員養成カリキュラムのデザインは大学の裁量が大きいとされ、大学間のばらつきが著しいと言われている（JET, 2014; Mullis et al., 2016; 小野・近森, 2018）。南アフリカの教職課程認定の最低基準では、教育実習は４年間の在学中、最低 20 週から 32 週実施すると定められている（DHET, 2015）。教職課程のカリキュラムは総じて、実践的知識、スキル軽視の問題を抱えているといわれ（Mullis et al., 2016）、実習内容の充実、実習生の学びの支援が課題であるとも指摘されている（CDE, 2015; Iwu, 2021; Moosa, 2018; Moosa & Rembach, 2020）。2020 年に、教育実習の改善の方向性を示すものとして、DHET によって提示された教育実習のガイドラインがある。「教育実習：教員養成プログラムのためのガイドライン」（Teaching practice: Guidelines to Initial Teacher Education Programmms）と題された文書は、教育実習を Work Integrated Learning（WIL）－教職にかかわる学問的学習と学校現場での実践を統合した教育活動－ととらえ、大学と実習校が協力して実習生が理論と実践を往還することを支援し、教育実践力を高める重要性を強調した（Work Integrated Learning Working Group, 2020）。同ガイドラインは効果的な WIL の要素の１つとして授業実践の分析と省察を挙げ、それを可能にするアプローチの１つとして授業研究アプローチを挙げている（Working Integrated Learning Working Group, 2020, p.37）。

日本では、新任の現職教員であっても、授業研究アプローチによって授業を省察することは教員養成学部時代に経験している。教育実習での授業経験を省察することで理論と実践を結びつけることを学ぶだけでなく、教育実習での経験が授業観、生徒観、教師観に影響を与えることが明らかにされている（三島, 2007, 2008; 越智・磯崎, 2020; 佐竹ほか, 2019）。教育実習は単に期間が問題となるだけではなく、その指導体制や指導内容の質が問題となる。「ガイドライン」において推奨された「授業研究アプローチ」は、実習校の日常的な授業研究において実践されていなければ実習生に学ばせることはできない。学校において授業研究の意義が理解され多くの学校に広まっていくこと、そのことがまた教員養成の質の向上につながっていく。「授業省察力」を経験させその意義に気づかせることは、南アフリカの教育実習においてまた教員養成カリキュラム全体にとっても重要な課題である。

現職教員の質は教員養成の質の結果でもある。入職後を見据えて、授業実践を改善していくための知識とスキルを身につけること、そして実践を意識的に省察する習慣を形成すること、そうしたことを励まし支援することが南アフリカの教員養成に求められている。

あとがき

長い間、私にとって海外＝欧米先進国であった。私の研究関心も欧米の教育制度、教育実践にあった。それが一転して開発途上国の教育に関心を向けるきっかけとなったのが、JICA（当時国際協力事業団、現国際協力機構）が南アフリカで実施した教育協力プロジェクト、「ムプマランガ州中等理数科教員再訓練計画」（Mpumalanga Secondary Science Initiative, 1999-2006）、通称MSSIへの参加であった。

MSSIはJICA理数科教育プロジェクトとしては初期のプロジェクトであっただけでなく、人種差別を撤廃し民主国家として歩み始めた南アフリカでの初めてのJICA教育協力プロジェクトでもあった。そして、私にとっては初めてのアフリカ、開発途上国との出会いであった。MSSIの終了後、大学に籍を置きながら、アフガニスタン、ルワンダ、ミャンマーで、そして国内でも国際教育協力に関わってきたが、私の国際教育協力の原点は南アフリカであった。

MSSIの記憶はほろ苦いものである。「民主化の闘士、ネルソン・マンデラの国」で、MSSIを通じて教育の質の向上に協力することに、私は誇らしさと、大いなる希望を感じていた。新生南アフリカの歴史が作られるその渦中にいる、という高揚感があった。おそらく、私の同僚も似たような感情をもったのではあるまいか。

MSSIを一言でいうと、「民主化後の新しい理数科カリキュラムを州内の中等学校に普及させること」と、「州内の中等理数科教員が新しいカリキュラムを実践する指導力を向上させること」を目的とした教育協力プロジェクトであった。二つの目的を達成する手段として、MSSIは日本で「授業研究」と呼ばれてきた継続的な授業改善のアプローチを学校に定着させようとした。だが、6年余り続いたプロジェクトの終了時、定期的に授業研究（に近いもの）を行っている事例（学校、学校群、教員集団）を確認することはできなかった。

「なぜ、MSSIは『授業研究』を定着させることができなかったのか」、「そもそも、『授業研究』は、開発途上国の授業実践を改善していく上で有効な施策なのか」。この疑問は、MSSIが終了してからも、私の心にずっとくすぶっていた。

こうした疑問を、理論的に、学術の言葉で解明しようとしたのが本書である。

本書は2023年3月に、星槎大学から博士(教育)の学位を授与された論文、「南アフリカへの授業研究の移転に関する研究」を書籍として刊行するものである。公刊にあたり、学位論文を一部加筆修正した。

出版にあたり、あらためて論文を読むと、MSSIのプロジェクト設計やプロジェクト活動についての筆致はどちらかというと辛口で、批判的である。しかし、それはプロジェクトの一員としてMSSIに関わった私自身への批判であり、私自身の経験の批判的省察である。MSSIの第2フェーズ(2003-2006)は、プロジェクトを取り巻く様々な要因によって現地でのプロジェクト活動が制限されてしまったことも付け加えておかなければならない。

実は、2022年10月に星槎大学大学院博士後期課程に提出した学位審査論文には謝辞を書かなかった。審査対象論文に謝辞を書くというのはどう考えても違和感しかなかったのである。他大学のリポジトリで入手できる学位論文にはすべて謝辞が含まれていることは承知していたが、それは、審査の結果、合格と認められた後に書き加えたものだと私は勝手に理解していた。学位論文本審査に合格したという連絡を受けて、すぐに、大学事務局に謝辞を加筆したいと申し出たところ、いったん提出した審査論文の加筆修正は認められない、という返事であった。この場を借りて、本研究を志すきっかけを作ってくださった方々、研究を支えてくださった方々にお礼を申し上げたい。

まず、南アフリカと出会い、国際教育協力に足を踏み入れるきっかけを作ってくださったのは、二宮晧先生(広島大学名誉教授)のお声がけがあったからに他ならない。心からの感謝を表したい。

MSSIで苦労を共にしたメンバーにもお礼を申し上げる。長尾眞文先生(元広島大学教育開発国際研究センター教授)は、いついかなる時にも前向きで、誰に対しても公平に接し、自ら率先して行動された。卓越した語学力とともに、豊かな国際経験に裏打ちされたそのリーダーシップは憧れの的であった。MSSIの初代「教育プロジェクト調整」としてMSSIの立ち上げに尽力された又地淳氏（JICA 国際協力専門員）にもお礼申し上げたい。又地氏は、今でこそ経験豊富な基礎教育の専門家としてアドバイスする立場にあるが、当時はお互いに経験量が少なく、カウンターパートとともに手探りで、learning by doing したことが懐かしく思い出される。

MSSI に関わることで、それまであまり接点のなかった鳴門教育大学自然系コースの先生方と仕事をする機会を得た。なかでも、当時理科教育コースに所属しておられた近森憲助先生（現高知学園大学教授）、喜多雅一先生（現岡山大学名誉教授）、小澤大成先生（現鳴門教育大学副学長）とは、最も多くの時間を共有したと思う。信頼できる、責任感の強い、頼れる「教科」専門家であり、心強い仲間であった。科学的リテラシーの低い私にも辛抱強く付き合ってくださったことに心からの感謝をささげたい。

南アフリカの関係者にもお世話になった。プロジェクト実施当時、プレトリア大学サイエンス・センターに所属していた Dr. John Rogan、今は亡き Dr. Thembi Ndlalane 氏は、日本人の考え方、やり方をよく理解し、MSSI の理解者、支援者として、現地のニーズにあった教材作成や研修実施に協力を惜しまなかった。また、一人ひとりのお名前を挙げることはしないが、MSSI のカウンターパートであったムプマランガ州教育省の関係者の方々にも厚くお礼を述べたい。州教育省とは互いに協力して MSSI の目的の実現に取り組んだつもりであるが、時として意思疎通の難しいこともあった。が、それも今となっては懐かしい。

MSSI をはじめ JICA 事業に関連する資料の利用にあたっては JICA 人間開発部から許諾を得た。本研究の意義を理解していただき、申請を許諾していただいたことに対して、あらためてお礼申し上げたい。

今津孝次郎教授（現星槎大学特任教授）、仁平義明教授（現星槎大学特任教授）からは、学位論文の執筆に際して、貴重なご指導とご助言をいただいた。お二人に共通する「高い専門性、深い学識と幅広い視野」に心から敬意を表するものである。お二人なくしては、学位論文を完成し、学位論文審査に合格することは到底できなかったであろう。

Last but not least、今は亡き両親を含めたわが家族に心から「ありがとう」と言いたい。

アパルトヘイト廃止後、南アフリカではおおっぴらに「人種による学力格差」が語られることはなくなった。しかし、貧しい家庭に生まれた（アフリカ人の）子どもの多くは学習成果の低い学校に通い、低学力、低学歴、低所得に甘んじる可能性が高い。結果的に貧困は世代を超えて受け継がれる可能性が高い。貧富の格差による学びの格差を縮小すること、すなわち、「学びの公平性」を高めることは、南アフリカだけでなく、途上国に共通する課題である。本研究が、そうした課題に関心を持つ方々に少しでも希望と勇気を与えることができれば望外の喜びである。

2023年6月18日

小野 由美子

2019年 南アフリカにて
授業研究に関心を持つ友人達と

引用文献一覧

Adler, J., & Alshwaikh, J. (2019). A case of lesson study in South Africa. In R. Huang, A. Takahashi, & J.P. da Ponte (Eds.), *Theory and Practice of Lesson Study in Mathematics* (pp. 317-342). Cham, Switzerland: Springer.

秋田喜代美(2007)「授業研究の新たな動向―「実践化」の視点から―」『日本家庭科教育学会誌』, 49(4), 249-255.

秋吉貴雄(2007)「政策移転の分析枠組みの構築に向けて」『熊本大学社会文化研究』, 5, 1-14.

Alshwaikh, J., & Adler, J. (2017). Researchers and teachers as learners in Lesson Study. *SAARMSTE book of long papers*, 2-14.

Anderson-Levitt, K. M., & Diallo, B. B. (2003). Teaching by the book in Guinea. In K. Anderson-Levitt (Ed.), *Local meanings, global schooling: Anthropology and world culture theory*. (pp. 75-97). Palgrave Macmillan, New York.

馬場卓也・中井一芳(2009)「国際教育協力における授業研究アプローチの可能性」『国際教育協力論集』, 12(2), 107-118.

Buono, A. G. (2012). *Lesson study: Restructuring teacher professional development in the United States*. PhD thesis: Lesley University.

Branson, N., Hofmeyr, C., & Lam, D. (2014). Progress through school and the determinants of school dropout in South Africa. *Development Southern Africa*, 31(1), 106-126.

Center for Development and Enterprise. (2015). *Teachers in South Africa: Supply and demand 2013-2025*. CDE.

Chetty, U. P. (2013). *The effect of integrated quality management system on educator efficacy* (Doctoral dissertation, University of Zululand).

Chikamori, K., Ono, Y., & Rogan, J. (2013). A lesson study approach to improving a biology lesson. *African Journal of Research in Mathematics, Science and Technology Education*, 17(1_2), 14-25.

Chisholm, L. (2012). Apartheid education legacies and new directions in post-apartheid South Africa. *Storia delle donne*, 8, 81-103.

Chisholm, L., & Leyendecker, R. (2008). Curriculum reform in post-1990s sub-Saharan Africa. *International Journal of Educational Development*, 28 (2), 195-205.

Chokshi, S., & Fernandez, C. (2004). Challenges to importing Japanese lesson study: Concerns, misconceptions, and nuances. *Phi Delta Kappan*, 85 (7), 520-525.

Coe, K., Carl, A., & Frick, L. (2010). Lesson study in continuing professional teacher development: A South African case study. *Acta Academica*, 42 (4), 206-230.

Conceição, T., Baptista, M., & da Ponte, J. P. (2019). Lesson study as a trigger for preservice physics and chemistry teachers' learning about inquiry tasks and classroom communication. *International Journal for Lesson and Learning Studies*. 8 (1), 79-96.

Conn, K. M. (2017). Identifying effective education interventions in sub-Saharan Africa: A meta-analysis of impact evaluations. *Review of Educational Research*, 87 (5), 863-898.

Cross, M., Mungadi, R., & Rouhani, S. (2002). "From policy to practice: Curriculum reform in South African education." Comparative education, 38 (2), 171-187.

de Clercq, F., & Phiri, R. (2013). The challenges of school-based teacher development initiatives in South Africa and the potential of cluster teaching. *Perspectives in Education*, 31 (1), 77-86.

Department of Basic Education (DBE). (2011). *National Curriculum Statement: Curriculum and Assessment Policy Statement*. Pretoria, SA: Author.

Department of Basic Education (DBE). (2018). *Mathematics teaching and learning and learning framework for South Africa: Teaching mathematics for understanding*. Pretoria, SA: Author.

Department of Education (DOE). (1995). *White paper on education and training*. Government Gazette, No.16312. Pretoria, SA: Author.

Department of Education (DOE). (2006). *The National policy framework for teacher education and development in South Africa*. Pretoria, SA: Author.

Department of Higher Education and Training (DHET). (2011). *National Qualification Framework Act No.67 of 2008-Policy on the Minimum Requirement for Teacher Education Qualification, Republic of South Africa Government Gazette-Staatskoerant*, No. 34467, Vol. 583, 15 July.

Department of Higher Education and Training. (2015). *National Qualification Framework Act No.67 of 2008- Revised Policy on the Minimum Requirement for Teacher Education Qualification, Republic of South Africa Government Gazette-Staatskoerant*, No. 38487, Vol. 596, 19 February.

Department of Higher Education and Training (DHET). (2022). *Universities in South Africa.*
http://www.dhet.gov.za/SitePages/UniversitiesinSA.aspx
(2022年10月10日閲覧)

Dolowitz, D. P., & Marsh, D. (2000). Learning from abroad: The role of policy transfer in contemporary policy-making. *Governance*, 13 (1), 5-23.

Ebaeguin, M., & Stephens, M. (2014). Cultural Challenges in Adapting Lesson Study to a Philippines Setting. *Mathematics Teacher Education and Development*, 16 (1), n1.

Fang, Z. (1996). A review of research on teacher beliefs and practices. *Educational research*, 38 (1), 47-65.

Fernandez, C. (2002). Learning from Japanese approaches to professional development: The case of lesson study. *Journal of teacher education*, 53 (5), 393-405.

Fernandez, C., & Yoshida, M. (2004). *Lesson study: A case of a Japanese approach to improving instruction through school-based teacher development.* New York: Routledge

Fiske, E.B., & Ladd, H. F. (2004) *Elusive Equity: Education Reform in Post-Apartheid South Africa*, Brookings Institute.

Fujii, T. (2014). Implementing Japanese lesson study in foreign countries: misconceptions revealed. *Mathematics Teacher Education and Development*, 16 (1), 65-83.

Fujii, T. (2018). Lesson study and teaching mathematics through problem solving: The two wheels of a cart. In *Mathematics Lesson Study Around the World*,1-21. Springer, Cham.

外務省 (2014)「「未来への投資」としてのODA―国際協力60周年―」『わかる！国際情勢』Vo 116.
https://www.mofa.go.jp/mofaj/press/pr/wakaru/topics/vol116/index.html
(2022年10月17日閲覧)

Garomssa, H. D. (2016). The Missing Link in Donor Prescribed Educational Reforms: Lack of Ownership (The Case of the World Bank in Ethiopian Higher Education). *International Journal of Higher Education*, 5 (2), 12-22.

Gero, G. (2015). The prospects of lesson study in the US: Teacher support and comfort within a district culture of control. *International Journal for Lesson and Learning Studies*. 4 (1), 7-25.

Guskey, T. R. (1986). Staff development and the process of teacher change. *Educational researcher*, 15 (5), 5-12.

Guskey, T. R. (2002). Professional development and teacher change. *Teachers and teaching*, 8 (3), 381-391.

Gustafsson, M. (2019). Pursuing Equity Through Policy in the Schooling Sector 2007–2017. In N.Spaull & J.D. Jansen (Eds.), *South African Schooling: The Enigma of Inequality* (pp. 47-66). Springer, Cham.

Hart, L. C., & Carriere, J. (2011). Developing the habits of mind for a successful lesson study community. In *Lesson study research and practice in mathematics education* (pp. 27-38). Springer, Dordrecht.

服部勝憲・喜多雅一・本田亮・西岡加名恵・又地淳・上飯坂朗子・長尾眞文・赤川泉(2001)『ムプマランガ州中等理数科教員再訓練計画2001年第1回地区レベル・ワークショップ短期専門家派遣報告書』

Holmqvist, M. (2020). Lesson study as a vehicle for improving SEND teachers' teaching skills. *International Journal for Lesson & Learning Studies*, 9 (3), 193-202.

Huang, R., & Shimizu, Y. (2016). Improving teaching, developing teachers and teacher educators, and linking theory and practice through lesson study in mathematics: an international perspective. *ZDM*, 48 (4), 393-409.

五十嵐寛 (2020)「セミナーをデザインする，という事の意味」『日本臨床麻酔学会誌』, 40 (1), 75-79.

今津孝次郎 (2012)『教師が育つ条件』岩波書店.

今津孝次郎 (2020)「教育分野における博士課程の諸問題と諸課題―星槎大学大学院「博士（教育）」の新たな構築を目指して―」『星槎大学大学院紀要』, 2 (1), 1-36.

石井洋 (2015)「授業研究導入における数学教師の変容の阻害要因に関する一考察―開発途上国の事例に着目して―」『北海道教育大学紀要教育科学編』, 66 (1), 115-121.

石原伸一 (2018)「国際協力機構（JICA）による協力：教員の授業実践の改善から子どもの学びの改善へ」興津妙子・川口純編著『教員政策と国際協力―未来を拓く教育をすべての子どもに―』明石書店, pp.329-356.

Iwu, C. H. (2021). Newly Qualified Female Teachers' Perception of Teaching Practicum as a Component of Initial Teacher Education in South Africa. *African Journal of Teacher Education*, 10 (1), 38-69.

岩國佐和. (2015).「学びの質を問う―ルワンダの中等学校物理授業における教授法と生徒の知識構築に焦点を当てて―」『国際教育協力論集』, 18 (1), 105-117.

Jansen, J. D. (1998). Curriculum reform in South Africa: A critical analysis of outcomes-based education. *Cambridge journal of education*, 28 (3), 321-331.

Jansen, J. D. (1999). "The school curriculum since apartheid: Intersections of politics and policy in the South African transition." *Journal of Curriculum Studies*, 31 (1), 57-67.

Jansen, J.D. (2004). Importing outcomes-based education into South Africa: policy borrowing in a post-communist world. In D. Phillips & K. Ochs (Eds.), *Educational policy borrowing: historical perspectives* (pp.199-220). Oxford: Symposium Books.

JET Education Services. (2014). *The Initial Teacher Education Research Project: An examination of aspects of initial teacher education curricula at five higher education institutions*, Progress Report. Johannesburg, SA., Author.

Jita, L. C., Maree, J. G., & Ndlalane, T. C. (2008). Lesson study (Jyugyo Kenkyu) from Japan to South Africa: A science and mathematics intervention program for secondary school teachers. In B. Atweh, A.C. Barton, M.C. Borba, N. Gough, C. Kleitel-Kreidt, C. Vistro-Yu, & R. Vithal (Eds.), *Internationalisation and globalisation in mathematics and science education* (pp. 465-486). Dordrecht, Netherland: Springer.

Kagan, D. M. (1992). Implication of research on teacher belief. *Educational psychologist*, 27 (1), 65-90.

神原一之 (2014)「ザンビアコアテクニカルチームの課題に関する一考察—実験授業と検討会の分析を通して—」『数学教育学研究全国数学教育学会誌』, 20 (1), 143-153.

金川克子・山岸映子・田村須賀子・西村真実子・大木秀一・杵淵恵美子・伴真由美・浅見 洋・曽根志穂・梅山直子・高窪美智子・杉原敏雄・田中 理・吉村香代子 (2007)「タジキスタン共和国における母子保健プロジェクトの支援活動の実情—わが国への研修員受け入れ事業を通して—」『石川看護雑誌』, 4, 1-9.

Karabuğa, F., & Ilin, G. (2019). Practicing lesson study in a Turkish education context: Considering the challenges, suggestions and benefits from EFL teachers' perspectives. *International Journal for Lesson and Learning Studies*, 8 (1), 67-80.

萱島信子 (2018)「論説　日本の国際教育協力の歴史的変遷と展望」『SRIDジャーナル』第14号.

https://www.sridonline.org/j/doc/j201801s03a01.pdf#zoom=100

萱島信子 (2019)『大学の国際化とODA参加』玉川大学.

木根主税 (2012)「ザンビア数学教師の教授的力量形成における省察の役割に関する研究—授業日誌を用いた質的分析を中心に—」『日本数学教育学会誌』, 93, 55-64.

Kirkpatrick, J. D., & Kirkpatrick, W. K. (2016). *Kirkpatrick's four levels of training evaluation*. Association for Talent Development.

北村友人 (2005)「比較教育学と開発研究の関わり—学会創設40周年記念シンポジウム報告—」『比較教育学研究』, 31, 241-252.

国際協力事業団（JICA）（1995）『南アフリカ共和国ブラック・コミュニティ支援研修事業終了時評価報告書―教育・溶接・農業分野―』

国際協力事業団（JICA）（1996）『南アフリカ共和国教育分野案件形成調査結果資料』

国際協力事業団（JICA）（1999）『南アフリカ共和国ムプマランガ州中等理数科教員再訓練計画MSSIプラニング・スタディ報告書』

国際協力事業団（JICA）（2002）『開発課題に対する効果アプローチ―基礎教育―』国際協力総合研修所

国際協力事業団（JICA）（2003a）『南アフリカ共和国ムプマランガ州中等理数科再訓練計画終了時調査報告書』

国際協力事業団・広島大学教育開発国際協力研究センター・鳴門教育大学（2000）『平成12年度（第3回）南アフリカ共和国国別特設「理数科教員養成者研修」実施要領』

国際協力機構（JICA）（2003b）『日本の教育経験―途上国の教育開発を考える―』国際力総合研修所

国際協力機構（JICA）（2006）『南アフリカ共和国ムプマランガ州中等理数科再訓練計画フェーズ2終了時評価報告書』

国際協力機構（JICA）（2007）『理数科教育協力にかかる事業経験体系化―その理念とアプローチ―』国際力総合研修所

国際協力機構（JICA）（2014）『南アフリカ国算数教育政策アドバイザー業務』

国際協力機構（JICA）（2017a）*General Information.*

国際協力機構（JICA）（2017b）『南アフリカ国算数教育政策アドバイザー業務（算数教材開発）』

国際協力機構（JICA）（2017c）『南アフリカ国算数教育政策アドバイザー業務（算数科学技術（MST）政策）』

国際協力機構（JICA）（2017d）『研修評価アンケート集計表』

国際協力機構（JICA）（2017e）『研修ベースライン評価』

国際協力機構（JICA）（2017f）『研修エンドライン評価』

国際協力機構（JICA）（2019）『南アフリカ国算数教育政策アドバイザー業務（算数教材開発、研修指導）』

高阪将人・松原憲治（2018）「我が国の理数科教育協力の実践と理数科教育開発研究

の動向―サブサハラ・アフリカを中心に―」『科学教育研究』, 42 (2), 100-111.

黒田則博 (2005)「第5章 南アフリカ共和国・ムプマランガ州中等理数科教員再訓練計画」広島大学教育開発国際協力研究センター『教員研修制度プロジェクト等に関する協力経験の集約 (資料編)』

教科書研究センター (2020)『海外教科書制度調査研究報告書』

教職員支援機構 (2018)『教職員研修の手引き―効果的な運営のための知識・技術―』

Lewis, C. (2002). Does Lesson Study Have a Future in the United States? *Nagoya Journal of Education and Human Development*, 1-23.

Lewis, C., Friedkin, S., Emerson, K., Henn, L., & Goldsmith, L. (2019). How does lesson study work? Toward a theory of lesson study process and impact. In *Theory and practice of lesson study in mathematics* ,13-37. New York: Springer.

Lewis, C., & Lee, C. (2017). The global spread of lesson study: Contextualization and adaptations. In M. Akiba & G.K. LeTendre (Eds.), *International handbook of teacher quality and policy* (pp. 185-203). New York, NY: Routledge.

Lewis, C. C., & Tsuchida, I. (1998). A lesson is like a swiftly flowing river: How research lessons improve Japanese education. *American Educator*, 22 (4), 12-17.

Lim-Ratnam, C. T. L., Lee, C. K. E., Jiang, H., & Sudarshan, A. (2019). Lost in adaptation? Issues of adapting Japanese lesson study in non-Japanese contexts. *Educational Research for Policy and Practice*, 18 (3), 263-278.

丸林英俊・本田亮・赤川泉・上飯坂朗子 (2002)『ムプマランガ州中等理数科教員再訓練計画2000年第3回短期専門家派遣報告書』

又地淳 (2000)「教育・人的資源開発」南部アフリカ援助研究会編『南部アフリカ援助研究会報告書第2巻別冊南アフリカ・現状分析資料編』, 120-140.

又地淳・菊池亜有実 (2015)「「授業研究」支援プロジェクトの現状および課題についての考察」『国際教育協力論集』, 18 (1), 91-104.

Matachi, A., & Kosaka, M. (2017). JICA's support to education in Africa in the last two decades: Focusing on mathematics and science education. *Journal of International Cooperation in Education*, 19 (2), 35-53.

Mbalati, B. V. (2010). *The effect of resistance to change on quality education in Limpopo Province* (Doctoral dissertation).

McEwan, P. J. (2015). Improving learning in primary schools of developing countries: A meta-analysis of randomized experiments. *Review of Educational Research*, 85 (3), 353-394.

Mhakure, D. (2019). School-based mathematics teacher professional learning: A theoretical position on the lesson study approach. *South African Journal of Education*, 39, 1-9.

三島知剛 (2007)「教育実習生の実習前後の授業・教師・子どもイメージの変容」『日本教育工学会論文誌』, 31 (1), 107-114.

三島知剛 (2008)「教育実習生の実習前後の授業観察力の変容—授業・教師・子どもイメージの関連による検討—」『教育心理学研究』, 56 (3), 341-352.

水原克敏 (2017)「教育課程政策の原理的課題—コンピテンシーと2017年学習指導要領改訂—」『 教育学研究』, 84 (4), 421-433.

文部省 (1981)「六　戦後の教育改革」『学制百年史』
https://www.mext.go.jp/b_menu/hakusho/html/others/detail/1317571.htm
(2021年12月28日閲覧)

Moosa, M. (2018). Promoting quality learning experiences in teacher education: What mentor teachers expect from pre-service teachers during teaching practice. *The Independent Journal of Teaching and Learning*, 13 (1), 57-68.

Moosa, M., & Rembach, L. (2020). Encounters with mentor teachers: first-year students' experiences on teaching practice. *Mentoring & Tutoring: Partnership in Learning*, 28 (5), 536-555.

Moquin, F. K. (2019). *How Do Teachers Experience Lesson Study?* PhD thesis. Syracuse University.

森博文・中井隆司 (2020)「教師の職能成長を支える省察能力の発達過程の検討」,『京都女子大学教職支援センター研究紀要』, 第2号, 45-54.

Motala, S., & Carel, D. (2019). Educational funding and equity in South African schools. In N.Spaull & J.D. Jansen (Eds.), *South African schooling: The enigma of inequality* (pp. 67-85). Springer, Cham.

Mthembu, R. J. (2017). *An evaluation of the integrated quality management system as an appraisal tool for teachers in iLembe District, KwaZulu-Natal* (Doctoral dissertation, University of Zululand).

Muller, J., & Hoadley, U. (2019). Curriculum Reform and learner performance: an obstinate paradox in the quest for equality. In N.Spaull & J.D. Jansen (Eds.), *South African schooling: The enigma of inequality* (pp.109-125). Springer, Cham.

Mullis, I. V. S., Martin, M. O., Goh, S., & Cotter, K. (Eds.) (2016). *TIMSS 2015 Encyclopedia: Education Policy and Curriculum in Mathematics and Science.* Retrieved from Boston College, TIMSS & PIRLS International Study Center website:
https://timssandpirls.bc.edu/timss2015/encyclopedia/countries/south-africa/teachers-teacher-education-and-professional-development/
(2022年10月10日閲覧)

Murata, A. (2011). Introduction: Conceptual overview of lesson study. In L.C. Hart, A.S. Alston & A. Murata (Eds.), *Lesson study research and practice in mathematics education*, 1-12.

Murata, A., & Takahashi, A. (2002). Vehicle to connect theory, Research, and practice: How teacher thinking changes in district-level lesson study in Japan. In International Group for the Psychology of Mathematics Education (Ed.), *Proceedings of the Annual Meeting of the North American Chapter of the International Group for the Psychology of Mathematics Education*, pp.1879-1888.

長尾眞文・松岡隆・奥村清・三輪伸央・赤川泉・又地淳・香西武（2000）『ムプマランガ州中等理数科教員再訓練計画2000年第3回地区レベル・ワークショップ短期専門家派遣報告書』

長尾眞文・村田博・小野由美子・小澤大成・上飯坂朗子（2001）『ムプマランガ州中等理数科教員再訓練計画2001年第2回地区レベル・ワークショップ短期専門家派遣報告書』

長尾眞文・喜多雅一・小林滋・山森直人・上飯坂朗子（2002）『ムプマランガ州中等

理数科教員再訓練計画2002年第1回地区レベル・ワークショップ短期専門家派遣報告書』

長尾眞文・松岡隆・小澤大成(2003)『ムプマランガ州中等理数科教員再訓練計画2003年第I回短期専門家派遣報告書』

長尾眞文・又地淳(2002)「教育分野における新たな技術協力モデル構築の試み―南アフリカ・ムプマランガ州中等理数科教員再訓練プロジェクトから―」『国際教育協力論集』, 5 (1), 83-100.

野中俊和.(2013)「ザンビア基礎教育数学科における「学習者中心」の現状と課題」『数学教育学研究』, 19 (2), 45-52.

Nkabinde, Z. P. (1997). *An analysis of educational challenges in the new South Africa.* University Press of America.

Nykiel-Herbert, B. (2004). Mis-Constructing Knowledge: The Case of Learner-Centred Pedagogy in South Africa. *Prospects: Quarterly Review of Comparative Education,* 34 (3), 249-265.

越智拓也・磯﨑哲夫(2020)「教育実習生の理科授業に対する認識の変容―pedagogical content knowledgeを視点として―」『日本教科教育学会誌』, 43 (2), 1-9.

Ofir, Z. (2002). *An evaluation of first phase of Mpumalanga Secondary Science Initiative (MSSI).* Evalnet.

Ogegbo, A. A., Gaigher, E., & Salagaram, T. (2019). Benefits and challenges of lesson study: A case of teaching Physical Sciences in South Africa. *South African Journal of Education,* 39 (1), 1-9.

荻巣崇世(2019)「授業研究の国際的な伝播と循環―日本国内の授業研究言説の変遷に着目して―」『東京大学大学院教育学研究科学校教育高度化・効果検証センター研究紀要』第5号,119-132.

沖原豊・小澤周三(1991)「比較教育学研究の回顧と展望」『比較教育学研究』, 17, 155-166.

小野由美子(2009)「教育プログラムのボロウィング・レンディング―授業研究を例に―」『国際教育協力論集』, 12 (2), 69-80.

小野由美子(2019)「国際教育協力における日本型教育実践移転の成果と課題―授業研究を事例に―」『教育学研究』, 86 (4), 537-549.

小野由美子（2021a）「南アフリカにおける学力格差」『共生科学』, 12, 43-54.

小野由美子（2021b）「南アフリカMSSIプロジェクトにおける授業研究の移転」『星槎大学大学院紀要』, 3（1）, 9-25.

小野由美子（2022a）「南アフリカ共和国初等算数指導主事の授業省察力育成の試み」『鳴門教育大学国際教育協力』第15号, 33-39.

小野由美子（2022b）「授業研究を支援する南アフリカ中核人材の育成—南アフリカ国別本邦研修プログラムの評価—」『共生科学』, 13, 55-71.

小野由美子・近森憲助（2018）「南アフリカの教員の挑戦」興津妙子・川口純編著『教員政策と国際協力—未来を拓く教育をすべての子どもに—』明石書店, pp.127-150.

小野由美子・近森憲助・小澤大成・喜多雅一（2007）「国際教育協力における「授業研究」の有効性—南アフリカ人教師による生物の授業を事例として—」『教育実践学論集』（8）, 11-21.

Ono, Y., Chikamori, K., & Rogan, J. M. (2013). How reflective are lesson study discussion sessions? Developing an instrument to analyze collective reflection. *International Journal of Education*, 5 (3), 52-67.

Pajares, M. F. (1992). Teachers' beliefs and educational research: Cleaning up a messy construct. *Review of educational research*, 62 (3), 307-332.

Paulsen, R. (2010). Introducing mathematics lesson study in South Africa: Overcoming the barriers. *Mathematics: The Pulse of the Nation*, 1, 219-231.

Perry, R., Lewis, C., & Akiba, M. (2002). *Lesson study in the San Mateo-Foster City school district*. A paper presented at the Annual Meeting of American Educational Research Association.

Perry, L. B., & Tor, G. H. (2008). Understanding educational transfer: theoretical perspectives and conceptual frameworks. *Prospects*, 38 (4), 509-526.

Phillips, D. (2009). Aspects of educational transfer. In R. Cowen & A. Kazamias (Eds.), *International handbook of comparative education* (pp. 1061-1077). Springer, Dordrecht.

Phillips, D., & Ochs, K. (2003). Processes of policy borrowing in education: Some explanatory and analytical devices. *Compa*rative education, 39 (4), 451-461.

Phillips, D., & Ochs, K. (2004). Process of educational borrowing in historical context. In D. Phillips & K. Ochs (Eds.), *Educational policy borrowing: Historical perspectives* (pp.7-23). Symposium Books Ltd. Oxford UK.

Posthuma, B. (2012). Mathematics teachers' reflective practice within the context of adapted lesson study. *Pythagoras*, 33 (3), 1-9.

Potenza, E., & Monyokolo, M. (1999). "A destination without a map: Premature implementation of Curriculum 2005." In J.D. Jansen & P. Christie (Eds.). *Changing curriculum: Studies on outcomes-based education in South Africa* (pp.231-245). Juta.

Pretorius, E. J., & Spaull, N. (2016). Exploring relationships between oral reading fluency and reading comprehension amongst English second language readers in South Africa. *Reading and Writing*, 29 (7), 1449-1471.

Rabichund, S., & Steyn, G. M. (2014). The contribution of the integrated quality management system to whole school development. *Mediterranean Journal of Social Sciences*, 5 (4), 348-358.

Rappleye, J., & Komatsu, H. (2017). How to make Lesson Study work in America and worldwide: A Japanese perspective on the onto-cultural basis of (teacher) education. *Research in Comparative and International Education*, 12 (4), 398-430.

Republic of South Africa (RSA). (1994). White paper on reconstruction and development. *Government Gazette* No. 16085.

Republic of South Africa (RSA). (1996) South African Schools Act. *Government Gazette* No. 17579.

ロジャーズ, E. (2007) 三藤利雄訳『イノベーションの普及』翔泳社.

Sakamoto, R., & Ono, Y. (2014). Transforming Practice through Pre-service Recognition: An Innovative Use of Lesson Study in the Philippines. *NUE Journal of International Educational Cooperation*, 8, 9-16.

Samuel, M. (2002). Working in the rain: pressures and priorities for teacher education curriculum design in South Africa: A case study of the University of Durban-Westville. *International Journal of Educational Development*, 22,

381-395.

佐竹靖・小柳和喜雄・森本弘一・赤沢早人・市橋由彬・山本浩大・竹村景生（2019）「リフレクションを組み込んだ教育実習プログラムの開発―教育実習生の授業に関する知識変容に与えるリフレクションの効果に着目して―」『次世代教員養成センター研究紀要』，(5)，197-205.

左藤敦子・安藤隆男・四日市章（2018）「国際教育協力事業における教育実践を基盤とした研修プログラムの評価―帰国後の研修員を対象とした質問紙調査を通して―」.『障害科学研究』，42（1），217-226.

佐藤仁（2015）「PISAの浸透構造に関する比較教育学研究―日本とノルウェーにおける全国カリキュラムに着目して―」『福岡大学人文論叢』，47（3），731-756.

Sekao, D., & Engelbrecht, J. (2021). South African Primary Mathematics Teachers' Experiences and Perspectives About Lesson Study. *International Journal of Science and Mathematics Education*, 1-23.

Seleznyov, S. (2018). Lesson study: An exploration of its translation beyond Japan. *International Journal for Lesson and Learning Studies*, 7 (3), 217-229.

Seleznyov, S. (2019). Lesson study: exploring implementation challenges in England. *International Journal for Lesson and Learning Studies*, 9 (2), 179-190.

Shibata, M. (2004). Educational borrowing in Japan in the Meiji and post-war eras. D. Phillips & K. Ochs (Eds.), *Educational policy borrowing: Historical perspectives* (pp.145-165).

白石智也・岩田昌太郎・齋藤一彦（2020）「ウガンダ共和国における授業研究を用いた体育教員研究会の効果の検討―New World Kirkpatrick Modelを適用した研修評価―」『体育学研究』，65,125-141.

South Africa Council for Education (SACE). (2020). *Professional Teaching Standards*. Centurion, Author.

Spaull, N. (2015). "Schooling in South Africa: How low-quality education becomes a poverty trap." *South African child gauge*, 12, 34-41.

Spaull, N., & Pretorius, E. (2019). Still falling at the first hurdle: Examining early grade reading in South Africa. In N.Spaull & J.D. Jansen (Eds.), *South African schooling: The enigma of inequality* (pp. 147-168). Springer, Cham.

Steiner-Khamsi, G. (Ed.) (2004). *The global politics of educational borrowing and lending*. New York: Teachers College Press.

Steiner-Khamsi, G. (2016). New directions in policy borrowing research. *Asia Pacific Education Review*, 17 (3), 381-390.

Stigler, J. W., & Hiebert, J. (1999/2009). *The teaching gap: Best ideas from the world's teachers for improving education in the classroom*. New York, NY: Simon and Schuster.

Stigler, J. W., & Hiebert, J. (2016). Lesson study, improvement, and the importing of cultural routines. *ZDM*, 48 (4), 581-587.

Tabulawa, R. (2003). International aid agencies, learner-centred pedagogy and political democratisation: A critique. *Comparative education*, 39 (1), 7-26.

Tabulawa, R. (2013). *Teaching and learning in context: Why pedagogical reforms fail in Sub-Saharan Africa*. Dakar, Senegal: African Books Collective.

Takahashi, A., & Yoshida, M. (2004). Lesson-study communities. *Teaching children mathematics*, 10 (9), 436-437.

高山敬太 (2018)「PISA研究批評―国際的研究動向と「日本」の可能性―」『教育学研究』, 85 (3), 332-343.

Tan, R. M. (2015). Improving the use of physical manipulatives in teaching science concepts through lesson study. *International Journal for Lesson and Learning Studies*, 4 (4), 328-342.

Tan-Chia, L., Fang, Y., & Ang, P. C. (2013). Innovating the Singapore English Language curriculum through lesson study. *International Journal for Lesson and Learning Studies*, 2 (3), 256-280.

Thompson, L. M. (2001). *A history of South Africa*. Yale University Press.

米原あき (2014)「研修評価における「行動変容」への視点―「4 レベルアプローチ」を手掛かりに―」『国立教育政策研究所紀要』, 143, 209-219.

Vavrus, F., Thomas, M., & Bartlett, L. (2011). *Ensuring quality by attending to inquiry: Learner-centered pedagogy in sub-Saharan Africa*. Addis Ababa, Éthiopie: UNESCO-IICBA.

Verger, A. (2014). Why Do Policy-Makers Adopt Global Education Policies?

Toward a Research Framework on the Varying Role of Ideas in Education Reform. *Current Issues in Comparative Education*, 16 (2), 14-29.

Wagner, D. A. (2018). *Learning as development: Rethinking international education in a changing world*. Routledge.

渡邊耕二 (2014)「東南部アフリカ諸国における数学学力と言語的な側面の関連性について」『国際教育協力論集』, 17 (2), 1-15.

渡邊洋子 (2007)「成人教育学の基本原理と提起—職業人教育への示唆—」『医学教育』, 38 (3), 151-160.

Welsch, T. (2002). Teacher education in South Africa before, during and after apartheid: An overview. In J. Adler and Y. Reed (Eds.), *Challenges of teacher development: An investigation of take-up in South Africa* (pp. 17-35). Pretoria, South Africa: Van Schaik.

Work Integrated Working Group. (2020). *Teaching Practice: Guidelines for Initial Teacher Education Programmes*. Pretoria: Department of Higher Education and Training, Primary Teacher Education Project.

Zapp, M. (2017). The World Bank and education: Governing (through) knowledge. *International Journal of Educational Development*, 53, 1-11.

Zayed, Y. (2002). Changing forms of teacher education in South Africa: a case study of policy change. *International Journal of Educational Development*, 22, p381.

Zuze, L., Reddy, B. V., Visser, M., Winnaar, L., & Govender, A. (2017). *TIMSS 2015 Grade 9 national report: Understanding mathematics and science achievement.*

■ 索引 ■

た 行

は 行

ま 行

ら 行

A Study on the Transfer of Lesson Study to South Africa

Abstract

Following South Africa's democratization in 1994, educational reform was a top priority with a focus on improving mathematics and science education and enhancing the quality of teachers to promote economic development and industrialization (White Paper on Reconstruction and Development, 1994). The Japan International Cooperation Agency (JICA) responded to the South African government's request for assistance by implementing the Mpumalanga Secondary Science Initiative (MSSI, 1999-2006), which aimed at improving the teaching skills of mathematics and science teachers.

This study analyzes the transfer of Japanese "lesson study" to South Africa through the MSSI, utilizing the frameworks of educational policy transfer, innovation diffusion theory, and teacher professional development theory, and examines the reasons for its unsuccessful implementation. The study shows that for South African teachers, lesson study is considered a soft innovation, lent by Japan without a clear understanding of its usefulness. The implementation of lesson study was mainly through cascading teacher training, which provided little support for lesson study at the school level. Consequently, MSSI could not establish lesson study as a school-based teacher professional development program. However, the case study of the MSSI training program in Japan suggests that collaborative reflection in a post-lesson discussion can improve the teaching skills of a South African biology teacher and change his beliefs as a classroom teacher.

The effectiveness of lesson study in improving the teaching skills of South African teachers requires the fulfillment of institutional and activity-related conditions, including a school-based professional development system that guarantees professional learning during working hours at the school where the teacher works, and the enhancement of lesson study as a school-based professional learning activity. The betterment of lesson study activities depends on making collaborative reflection at post-lesson reflection meetings a learning experience and improving the skills to reflect and practice through repeated lesson study. The skills of subject advisors to reflect on teaching and learning is critically important in such cases. The 2017 training program in Japan for South African subject advisors confirmed the effectiveness of training quantitatively and qualitatively. Based on the results, the study recommends strengthening the capacity of subject advisors, who play a crucial role in the implementation and dissemination of lesson study in South Africa.

【著者紹介】

小野 由美子（おの ゆみこ）

早稲田大学総合研究機構教師教育研究所招聘研究員。鳴門教育大学名誉教授。星槎大学博士（教育）。鳴門教育大学在職中、南アフリカ、アフガニスタン、ルワンダ、ミャンマーで短期専門家として教育分野の技術協力プロジェクトに参加。定年退職後、コンサルタント業務のかたわら、社会人大学院生として学業を続け、2023年3月、星槎大学大学院教育学研究科博士後期課程を修了。研究関心は、日本型教育の開発途上国への移転、授業研究における教師の省察、現職教員研修、学力格差、幼児教育・保育。ルワンダ農村地区での調査（2021-2022）から、幼児の栄養阻害、健康被害の解決にも関心を持つ。

南アフリカへの授業研究の移転に関する研究

2023年12月25日　初版発行

著　者　小野 由美子

発行所　学術研究出版

〒670-0933　兵庫県姫路市平野町62

［販売］Tel.079(280)2727　Fax.079(244)1482

［制作］Tel.079(222)5372

https://arpub.jp

印刷所　小野高速印刷株式会社

ISBN978-4-911008-26-3

乱丁本・落丁本は送料小社負担でお取り換えいたします。